あなたの経験・知識を
お金に換えるノウハウ

ゼロ起業

ZERO FLOTATION

吉江勝＋北野哲正
YOSHIE MASARU　KITANO TETSUMASA

実業之日本社

第Ⅱ部 行動編

第2章 得意分野や趣味を存分に活かす！
コンサルタント起業法

ゼロ起業　目次

く、最初はみんな、「果たして私なんかに起業ができるのだろうか？　起業するネタがあるのだろうか？」という人たちが大多数を占めている。そして、多くの人がお客さまとのわずかな「知識差」を武器に起業・副業を果たしたのだ。誰にでも「知識差」を武器に、リスクを極力少なくした起業の道があると私は信じている。

今回のこの本は私のビジネスパートナーである吉江勝さんと共同で執筆している。吉江さんはサラリーマンに対してゼロからコンサルタントになる方法を教える〝サラリーマン起業支援コンサルタント〟の先駆者ともいえる人物で、これまでに私と吉江さんで併せて6000人以上の起業・副業をサポートした実績を持っている。

本書をきっかけに、起業・副業への第一歩を踏み出していただけるなら、これ以上の喜びはない。自分の可能性を信じてページを読み進め、実践してほしい。**「自分の知識がお金に換わった達成感や充実感」は、あなたに必ずや違う景色を見せてくれるに違いない。**

２０１４年６月

北野哲正

⑤実績「ゼロ」でスタートできる

新機軸でスタートするのだから、誰もが最初は実績なんてない。さらに、何百人も相手にするビジネスではなく、最初はほんの数名のクライアントでＯＫ。

……という特長を持つことだ。この要件を満たす具体的な起業法として、「コンサルタント起業法」「セミナー起業法」「出版起業法」「会員制ビジネス起業法」「プロデュース起業法」「コーチング起業法」「サロン起業法」の７つがある。本書では、第Ⅰ部であなたの中にあるビジネスの種と新機軸の発見法を、第Ⅱ部で事例とともに７つの起業法の詳細を、第Ⅲ部でビジネスの要諦である最新集客術を紹介している。

さて、申し遅れたが、私の名前は、北野哲正。株式会社コンサルタントラボラトリーという会社を経営している。マーケティングのコンサルタント、コーチ業を生業にし、中でも特に、「独立・起業・集客支援」がメインの事業だ。具体的には起業支援の会員制ビジネスや起業塾、ビジネス講座の運営を行っている。

先にあげた「イカ釣り」等の事例も、私がサポートしてきた独立・起業を果たした人たちである。**私が起業支援をしてきたその多くは、サラリーマン・ＯＬ・専業主婦といった、いわゆる〝フツウの人々〟だ。**ものすごい能力を持ったエリートというわけではな

はじめに

これから私たちがお伝えするのは、低資本・低リスク・低実績で、ほぼまったくゼロの状態から行う起業・副業法だ。それを私たちは**「ゼロ起業」**と呼んでいる。

ゼロ起業の成功者にはこんな人たちがいる。

- **趣味の「イカ釣り」の必勝ノウハウをインターネットで教材として販売して800万円の売上げを達成**
- **料理関係の仕事に就いていた主婦が、「フードビジネスでの起業支援」のコンサルティングを展開、月収100万円を達成**
- **学生時代から腰痛に悩まされていたサラリーマンが、自分の治療体験をもとに自宅で整体サロンを副業的にスタート。月収が100万円を超えたところで整体師として独立。現在は「自宅サロン開業支援コンサルタント」としての活動も開始……**

いかがだろうか？「『イカ釣り』なんかがビジネスになるの!?」。そんな驚きもあったかもしれない。この本の中には、あなたにとって初耳ともいえる仕事で独立を果たしたり、副業で成功した事例が多数登場する。彼ら・彼女らの**成功の仕組みは、「自分の知識や経験を〝収入〟に換えた」**ということ。普通の人との、ほんのわずかの**「知識差」**をビジネスの種にしている。そしていずれも共通しているのは、

①コストが限りなく「ゼロ」である

モノを仕入れたり、在庫を抱えたり、店舗を構えたり、最初から従業員を雇ってということはまったく必要がない。自宅の一室で十分に、いや、極端な話、ノートパソコン1台があればできてしまうビジネスなのだ。

②リスクが限りなく「ゼロ」である

コストがかからないので、リスクも当然、低くなる。

③今の自分のまま……「ゼロ」の状態でスタートできる

特別な資格はいらない。ゼロ起業は、今、あなたの中にあるものを活用する。

④競合「ゼロ」でスタートできる

ゼロ起業はオンリーワン、新機軸のポジションを見つけることからスタートする。

第3章 「先生」になればバックエンド商品も売れる！

セミナー起業法

第4章 ブランドをつくってスムーズに成功する！

出版起業法

第5章 継続的に安定収入を得られる！

会員制ビジネス起業法

第6章 専門分野なしでもスタートできる!

コーチング起業法

第7章 他人の知識を商品にする！
プロデュース起業法

第8章 ブーム到来。知識+技術で起業する！
サロン起業法

第Ⅲ部 発展編

第9章 誰も知らない集客テクニック！

装幀◎井上新八
イラスト◎坂木浩子
本文設計・DTP◎ホリウチミホ（nixinc）

第Ⅰ部
発見編

第1章
「ゼロ起業」で収入と自由を手に入れよう！

お客さまはあなたの半歩後ろにいる

最初に断言しよう。起業するのに資格も準備もお金も人脈も不要だ。仕事でも趣味でも、あなたの今までやってきた経験を活かせばいい。**あなたの経験は、あなたが考えている以上に価値がある。**

セミナープロデューサーの松尾昭仁さんは、「初心者のためのセミナー講師養成セミナー」を開催したところ、そのコンセプトが「これからセミナーをしたい」という多くの人に受け入れられて、全国から参加者が殺到した。参加者からの評判も上々で、噂を聞きつけた出版社の編集者により、すぐに出版も決定。「セミナー講師初心者に特化したセミナーコンサルタント」として不動のポジションを獲得した松尾さんのもとには、現在も新たなセミナー講師志望者が列をなし、その数は８０００人以上にのぼる。

イカ釣りビジネスで起業したＹさんもゼロ起業家のひとりだ。

趣味のイカ釣り必勝法のノウハウをまとめたものを教材としてインターネット販売したところ、イカ釣り初心者の需要を喚起して、８００万円以上を売り上げる大ヒット商品になった。その後、Ｙさんは、教材購入者に向けての周辺商品の販売でも収益を拡大している。

前出の松尾さんも自身が輩出した４００人以上のセミナー講師に、セミナー集客率があがるサイト制作や商業出版コンサルティング等、主にブランディングの指導をして年間５０００万円以上の収益を得ている。

一度関係性を持ち信頼関係を築くと、このように関連商品を（時には全然関係ない商品までも！）、購入してもらいやすくなるのもゼロ起業の妙味である。

私、吉江のスタート時もゼロ起業だった。

私は独立当初、営業マンとしての実績を活かして営業コンサルタントとして起業した。しかし、このカテゴリーには強力なライバルが多く、思うような集客ができなかった。

起業当初、私の会員制コミュニティである「スーパービジネスマン養成講座」（ＳＢＭ）

の会員はたった6人だけだった。そこで、その6人に「他に多くの会員制ビジネスがある中、どうして当会に入会したのか？」と、理由をリサーチしてみたところ……。「吉江さんのようにＭＢＡも中小企業診断士も持たない普通のサラリーマンがコンサルタントになった方法が知りたい」という声が圧倒的に多かったのだ。

そこに「新機軸」（競合のないオンリーワンのポジション）があると確信した私は、すぐさま営業コンサルタントから「サラリーマン専門のコンサルタント養成コンサルタント」に転身したところ、ＳＢＭに申し込み者が急増したのである。

現在、ＳＢＭは国内のみならずアメリカやアジアも含む６００人以上の有料会員が集まるマーケティング組織になっている。**これにより私はサラリーマン時代の10倍以上の収入を得て、毎日好きで情熱の湧くことをビジネスにする恩恵を受けられるようになった。**

いかがだろうか？　松尾さんもＹさんも私も各々の業界（セミナー、釣り、コンサルタント）で目をみはるような実績があったわけではない。

初心者や経験が浅い人に向けて、すでに自分が持っている知識を教える、いわゆる「知識差ビジネス」（自分と相手とのほんの少しの知識の差を埋めることをノウハウにしてク

ライアントに提供し、対価が発生するビジネス）で成功をおさめたのだ。

これが反対に教える側が業界の第一人者だったらどうだろう？教える側が自分（クライアント）よりもずっと先を行く業界の権威者だとしたら、初心者や経験が浅いクライアントにとって「参加（購入）しづらい」、あるいは「参加（購入）してでも身につけることが困難であろう」という参入障壁が生まれやすいものだ。

もちろん、業界の権威者から習いたいという層も一定数いるが、相応にして、その数は初心者や経験の浅い人よりも少数に落ち着く。「知識差ビジネス」をするにあたり、顧客のニーズがもっとも多いボリュームゾーンは常に下にあり、それゆえ、**実績も経験もさほどないゼロ起業家のほうがメリットを享受しやすい**ことがおわかりいただけるだろうか。

ビジネスの種はどこにある？【ファイブ・フォーカス】

ここで改めて「ゼロ起業」を定義づけると、「自分とクライアントとの知識差を武器に、競合（同業他社のライバルたち）のいない新機軸（自分がつくり出したオンリーワンのポジション）を打ち立てて起業すること」といえる。

起業家のスタート時点での悩みの種であるお金も人脈も専門性も実績も準備もほとんどいらない。今のあなたのまま、限りなくリスクがゼロに近い状態から始められる理想的な起業法、それが「ゼロ起業」なのである。

ゼロ起業を成功させる上で、次の2点を見出すことが必須事項となる。

それは、**①あなたの知識差ビジネスの種と、②ビジネスにおける新機軸の発見**、である。

すでに見てきたように「知識差ビジネス」とは、あなたが持ち合わせているもの（あなたの体験や知識、情報）を、初心者を含む、あなたよりも経験の浅い人に教えて、お金（や感謝や喜びや共感）という対価価値をもらうことで成立するビジネスである。

ということで、最初にあなたの「知識差ビジネス」になりうるもの（種）を発見してほしいのだが、ここでひとつ問題が発生する。多くの人は、他人のことは分析できても、自分のこととなると途端に冷静さが失われて客観的になれないのだ。

そこであなたの強みと売りを発見するワークをお教えしよう。

その方法を**【ファイブ・フォーカス（5つの視点）】**という。

ノートを1冊用意して、次の5つの事項をできるだけたくさん書き込んでいくのだ。

【ファイブ・フォーカス＝「あなたの知識差ビジネス」（強みと売り）を発見するワーク】

1　あなたが好きで情熱が湧くこと
2　あなたが今まで経験してきたこと
3　あなたが人からほめられたり、喜ばれたりしたことがあること
4　あなたのコンプレックス
5　何の規制もなければやってみたいこと

【ファイブ・フォーカス１】あなたが好きで情熱が湧くこと

書く、話す、教える、走る、踊る、歌う、本を読む、美味しいものを食べる、映画や演劇を観る、海外旅行に行く、野球観戦、ジョギングをする、釣りをする、車の運転、写真撮影、時計のコレクション、料理をつくる、フェイスブックやＬＩＮＥに投稿する、スマホでゲームをする、絵を描く、ピアノを弾く、ヨガや瞑想をする等々、仕事でも日常の趣

味でも何でも構わない。**それをしていると、あっという間に時間が経過する（内的時間を旅できる）ことを、なるべくたくさんノートに書いてみよう。**

好きで情熱が湧くことの中に、あなたの「知識差ビジネス」の原点がある可能性がもっとも高い。「好き」には、ビジネスの成功に欠かせない黄金則が入っているからだ。

成功に欠かせない黄金則とは何だろう。それは始めることと続けることだ。ビジネスなんて実にシンプルで、このふたつさえできていれば大抵うまくいく。

多くの人が起業をしてもうまくいかないのは（一説では起業しても10年で8〜9割が廃業するといわれる）、ひとえに続けることができないからだ。最初は、勢いに任せてスタートできても、仕事の成果が出ないとすぐに精神的に辛くなって挫折してしまう。

挫折を防ぐには、できるだけ嫌いなこと、苦手なことには関与せずに、自分が好きで情熱の湧くことを優先するに尽きる。自分の心の喜びの声を聞き、それに従うのだ。

好きな仕事をやることで心の躍動が高まるので（基本的に幸せなので）、多少うまくいかないことがあっても、改善を重ねるモチベーションが持続しやすくなるのである。

『ティッピング・ポイント』等で知られるベストセラー作家、マルコム・グラッドウェルの「1万時間の法則」（何かを習熟して一流になるのに人は1万時間の練習［積み上げ］

が必要である）しかり、量はやがて質に転嫁される。
まずは、あなたが好きで情熱の湧くこと、それをやっているとあっという間に時間が過ぎるということを、用意したノートにできるだけたくさん書き連ねていこう。

［ファイブ・フォーカス１］
「好きで情熱が湧くこと」を導き出すためのヒント

1　あなたがお金をもらえなくてもやりたいことは何ですか？
2　あなたが内的時間を旅できる（やっていてあっという間に時間が流れる）ことは何ですか？
3　あなたが思わずうれしくなったり、気分よくなれることは何ですか？
4　あなたが平穏な気持ちになったり、リラックスできることは何ですか？
5　あなたがやる気になったり、やっていて充実感ややりがいを感じられることは何ですか？

【ファイブ・フォーカス2】あなたが今まで経験してきたこと

一般的に起業する場合、この【ファイブ・フォーカス2】が定石になるだろう。営業、経理、人事、労務、販売、翻訳、デザイン、宣伝、広報、接客、あるいは塾講師、英会話、スポーツインストラクター、自動車講習所の教官、ビル管理、整体、コーチング、コンサルティング、カウンセリング、パソコン入力、レジ打ち、清掃、受付、スケジュール管理、調理、運送、物流、バックヤード業務等々。これも【ファイブ・フォーカス1】の好きで情熱の湧くこと同様、**仕事でも趣味でも何でも構わないので、幼い頃から現在まであなたが体験してきたことを時系列で挙げてみよう。**

書き出したら、今度はそれをできるだけブレイクダウン（細分化）してみてほしい。

たとえば、あなたが営業マンだったとしよう。営業といっても訪問営業もあればカウンター営業もある、新規顧客開拓専門の飛び込み営業、顧客に対するフォロー専門のリピート営業や紹介営業、法人専門営業や個人向け営業、セールスエンジニアや医療営業職（MR）等々、多岐にわたる業務をひとつの専門領域に分けることができる。

ノウハウやメソッドも細分化可能だ。FAX営業、テレアポ、インターネットやSNS

を活用した営業、ＹｏｕＴｕｂｅを使った動画マーケティング……という具合だ。実際にあなたがやってきたことをできる限りたくさん挙げてみよう。

【ファイブ・フォーカス２】
「あなたが今まで経験してきたこと」を導き出すためのヒント

1　あなたが今までに一番時間やお金を使ってきたことは何ですか？
2　あなたが実際にお金を稼いだこと（アルバイトも含む）は何ですか？
3　あなたが成果や実績をあげてきたことは何かありませんか？
4　あなたが持っている資格や表彰されたこと（子供時代も含む）をすべて挙げてみてください

【ファイブ・フォーカス３】あなたが人からほめられたり、喜ばれたりしたこと

誰かに、あなたといると楽しい、気持ちがいい、元気になれる、あるいは心強い、落ち着く、癒されるとほめられたり、喜ばれた経験はないだろうか？

他者評価こそが正真正銘、オンリーワンのあなたの魅力になる。

具体的にあなたが相手にしてあげて喜ばれたこと、たとえば、仕事のアドバイスをしてあげたとか、パワーポイントを使って企画書をつくってあげたとか、何かの勉強を教えてあげたとか、ゴルフのコーチをしてあげたとか、雰囲気のいいレストランに連れていってあげたとか、ファッションコーディネイトをしてあげたとか、恋愛相談に乗ってあげたとか、どんなことでも構わないので、思いつくものをできる限り挙げてみてほしい。

なるべく相手の感情をポジティブに動かしたことを思い出してみよう。

もちろん、幼少の頃のことでも構わない。ファイブ・フォーカスを形づくる上で、子供時代の体験が大きな役割を占めることが多い。子供は、自分の可能性を信じて疑わないからだ。しかし、私たちは周囲の大人たちの心ないひと言や常識という名のつまらない習慣にその可能性を潰されてしまうことが多い。

今こそ自分の心に正直になってあなたの本当の才能を取り戻してほしい。

どうしてもわからなければ、「私が今までやってあげたことで、うれしかったことやいいなと思ったことって何かある？」と信頼できる人に聞いてみるといい。

人からほめられたり、喜ばれることは、間違いなくニーズがあり、マーケットがあるという証拠だから、起業する上で最大のアドバンテージになり得る(逆に、いくら自分が好きで情熱が持てることでもマーケットがないと起業は難しくなる)。
あなたにとって「こんなことが強みになるのか?」「できて当たり前では?」と思うことでも、それに興味がある人、知りたい人、わからない人、もっと深くマスターしたい人がこの世の中には無数に存在することを覚えておこう。

【ファイブ・フォーカス3】
「あなたが人からほめられたり、喜ばれたりしたこと」を導き出すためのヒント

1 あなたがよく人から頼まれたり、誘われたりすることは何ですか?
2 あなたが今までに共感されたり、感動されたことは何ですか?
3 あなたが人を笑わせたり、癒したりできることは何かありますか?
4 あなたが人を見て「どうしてこんなことができないのだろう?」と不思議に思ったことはありませんか?

［ファイブ・フォーカス４］あなたのコンプレックス

自信がない、仕事ができない、多額の借金があった、人前で話すのが苦手、見栄っ張り、人見知り、赤面症、なまりがひどかった、背が低い、太り気味、音痴、スポーツが苦手、勉強ができない、鬱、引きこもり、いじめられていた等々、傍からはどんなに非の打ちどころのない優秀に見える人でも、必ずいくつかの悩みや問題（コンプレックス）を持っているもの。ここでは、それを正直に挙げてみてほしい。

コンプレックスこそ「知識差ビジネス」を行う上であなたの最大の強みになるダイヤモンドの原石が隠れているケースが多いのだ。

あなたが何かの悩みや問題を抱えていて、誰かに助けてほしい立場にいるとしよう。そのとき、あなたと同じ悩みを持ち、それを克服してきた人と、根っからのエリートで、悩みや問題のある人の気持ちなんて１ミリも理解できないような人がいたら、あなたはどちらの人に信頼を寄せるだろうか。答えるまでもないだろう。

人間は自分と共通した悩みを持つ人からの、現実に即した体験談（アドバイス）が聞きたいものなのである。

富と幸せを引き寄せるセッションが好評のセラピストの谷口祥子さんは、自分自身が過去に大きなトラウマを抱えていた。もともと人づき合いが苦手だったことに加え、身内の事故によるショックから一時期、人とスムーズにコミュニケーションがとれなくなってしまったのである。その問題を自分の潜在意識を癒すことで改善したことを武器に、コミュニケーション講師としてデビュー。谷口さんのノウハウは現実に彼女自身が悩みを克服したものなので即効性があり、参加者が日ごとに急増する。その後、人気テレビ番組を含むマスコミに多数出演し、６冊の著作を出すに至った。

これも谷口さんが自分のコンプレックスだった過去を赤裸々に公開して、堂々と立ち向かう勇気に多くの人が感動、共感したからである。

またコンプレックスとは若干異なるが、**誰かに嫉妬を覚えたら、そこにもまたあなたの「知識差ビジネス」の種がある可能性が高い。**

コンプレックス同様、嫉妬というマイナス感情にも目を背けずに、「それは自分の中に眠る莫大なポテンシャルである」「これを開花させることがブレイクスルーにつながる」と解釈して、ノートの中に解放させてみよう。

［ファイブ・フォーカス４］「あなたのコンプレックス」を導き出すためのヒント

１　あなたがこれだけは人に話したくないことは何ですか？
２　あなたが思い出しただけでも怒りが湧いてきたり、悔しくなることは何ですか？
３　あなたが思い出しただけで悲しくなったり、不安になることは何ですか？
４　あなたが人を見て拒否反応を起こしたり、嫉妬心が芽生えることは何かありませんか？

［ファイブ・フォーカス５］何の規制もなければやってみたいこと

ここには、あなたの夢やビジョンを書いてみよう。それは今の自分の力では、到底及ばないと思うくらい壮大なもので構わない。いや、むしろそのくらい大きなもののほうが強みや才能を見つける際に選択肢も多くなり都合がいい。

たとえばメジャーリーグのニューヨーク・ヤンキースに入る、サッカーの日本代表に選ばれる、歌手になって全米デビューを果たす、起業して年商１００億円を稼ぐ、講演家として全世界で講演をする、フォーチュン５００のコンサルタントになる、金メダリストのコーチングをする、アジア最大級のカウンセラー養成スクールをつくる、恵まれない子供たちに毎年１億円寄付をする、フリーエネルギーを発明してノーベル平和賞をとる……。

夢を書き終えたら、いい機会だから自分のできるところまでやってみよう。

そもそも世の中に絶対不可能なんてことはないのだ。**むしろ一瞬でもイメージできたものは、あなたがあきらめさえしなければ実現する可能性が高い。**絶対に無理なことには、あなたの心が反応しないからだ。ぜひ一度は自分自身の夢をかなえるべく、とことんまで動いてみてほしい。

その後、実際にやってみたが、「これは現実的にどうしても難しい」と判断したら、ここからその夢を自分の手の届く（実際にあなたがやれる）範囲にずらしてみるのだ。

今からニューヨーク・ヤンキースに入団するのが無理ならば、アメリカへ行ってメジャーリーグの球団関係の仕事はできないか？　メジャーが無理なら日本の球団はどうか？　韓国や台湾や中国では？　球団に入るのが無理ならば、個人事業主である野球選手と何か個人的な契約はできないだろうか？　たとえば交渉代理人、資産管理人、整体やマッサージ、メンタルコーチ、瞑想指南、副業アドバイザー、情報商材プロデュース、あるいは野球選手の奥さんを対象に夫の健康管理を万全にする料理アドバイザーやファッションコーディネイト、副業コンサルティング、または野球選手の子供の家庭教師や、野球以外のスポーツ（野球は父親ができるだろう）のコーチという需要はないだろうか？

それも難しいようならば、野球に関する他の仕事は何かないだろうか？

野球ファンが集うスポーツショップやベースボールカフェの経営、あるいは子供たちに野球を教えるコーチという道もあるだろう。もしあなたが野球をしたことがなければ野球経験者とコラボで野球に関するビジネスができないかを考えてみればいい。

ホームランが打てるようになる、速い球が投げられるようになるなんていうＤＶＤ教材があれば、野球選手に憧れる子供や自分の子供を将来大成させたいという親はきっと興味を持つだろう。もしもパソコンに詳しければ、メジャーリーグのファンが喜びそうなポータルサイトをつくってメジャーマニアのリストを集めれば、既存の野球関係業者と組んで彼らの好むものを販売することもできる。優良な見込み客リストを多数抱える人と組みたい関係者はたくさんいるのだ（実際、顧客リストがあれば何でもできる）。

サラリーマンのＩさんは趣味で週末に草野球をしているのだが、対戦相手がなかなか見つからないという悩みがあった。そこで**インターネットで対戦相手を探すマッチングサイトをつくったところ、同じように対戦相手を探すチームから申し込みが殺到**した。現在、月に１０００円の登録料で全国から２００チームがＩさんのサイトに会員登録している。私としては「もう少し登録料を高くして、広告も積極的に出せばもっと稼げるのに」とやや歯がゆい面もあるのだが、趣味と実益を兼ねて月20万円の副業収益は決して悪い数字ではないだろう。

「ファイブ・フォーカス５」の規制がなければやりたいこととは、あなたが潜在的に憧れていることとなのである。そんな憧れの仕事ができれば、あなたは間違いなく毎日、高い誇りとワクワクする充実感を手に入れられる。あなたが誇りに思い、幸せを感じられるほどの仕事ならば、きっと需要も高く、その仕事に関わりたい人も大勢いることだろう。

その中には、あなたの顧客やこれから顧客になる人も多く含まれているはずだ。

ひとつ切り口が見出せれば、「ファイブ・フォーカス５」には、一生安泰も夢ではないパワフルな「知識差ビジネス」の中核が潜んでいる可能性が高いのである。

【ファイブ・フォーカス5】
「何の規制もなければやってみたいこと」を導き出すためのヒント

1　万能の力を身につけて絶対に失敗しないとしたら何をしたいですか？
2　一生生活には困らない莫大な財産が入ったら何をやりたいですか？
3　医者に余命3カ月と宣告されたら何をやりたいですか？
4　タイムマシーンに乗って子供時代に戻れるとしたら何をやりたいですか？

以上が［ファイブ・フォーカス］の5つの要素となる。

これら各項目を最低10〜20個ずつ、合計50〜100個以上書き出してみてほしい。書き出す数が合計10個程度（各項目2、3個くらい）ではダメなのだ。それでは代わり映えのしない平凡な発想しか望めない。

自分の頭で徹底的に考え抜いて「もうこれ以上出てこない」と限界を感じたもう一歩先、「あ〜、十分考え抜いた。これ以上は絶対無理。え〜い、もうどうでもいい」とティッピング・ポイント（閾値（いきち））を超えた後に絶妙なインスピレーションが降ってくることが頻繁にあるのだ。ここでも量が質に変わる。その瞬間を見逃さないでもらいたい。

ノートに書き連ねていったものの中に、**まるでそこだけスポットライトが当たっているようなピカピカなキーワード**が目に飛び込んでこないだろうか。あるいは、いくつかの気になるフレーズを見出すことはできないか。

選び取ったキーワードやフレーズが複数あったら、それらを組み合わせたり、引き算したり、共通項を合わせたり、ターゲットをずらしてみたり、現在の流行に合わせてみたりしながら、あなたならではの「知識差ビジネス」を発見してみよう。

ライバルのいない市場は必ず存在する

あなたの「知識差ビジネス」を発見したら、次の工程は「新機軸」の創造となる。

新機軸の創造とは、仕事におけるポジショニングのことである。

ビジネスでは、すべてにおいて相対的な価値がものをいう。

いくらあなたの選んだ「知識差ビジネス」に、高いニーズがあったとしても、同じポジションに圧倒的な強みを持ったライバルが存在したら、あなたのビジネスを世の中に浸透させることは至難を極めるだろう。

どんなに素晴らしい商品やサービスを持っていたとしても、二番手以降のポジションに甘んじている限り、ほとんどの顧客の判断材料は価格に向かってしまう。あなたが新たな顧客を獲得するためには、すでに市場に存在しているライバルよりも価格を下げて臨まなければならなくなるのだ。必然的にあなたのビジネスの収益性（粗利益）も低くならざるを得ない。

このような悪循環を避けるためにも、ライバル不在の新機軸を打ち立てて、マーケットにおけるあなたの相対的な価値を高くする必要がある。

新機軸を打ち立てることができれば、あなたが顧客から選ばれる存在になれる。常にあなたが、キャスティングボードを握り、価格設定も自由にコントロール可能だ。

顧客にへりくだる必要もなくなり、精神的な安定も維持できる。

収益性（粗利益）の高い仕事を、顧客一人ひとりに対して、余裕を持って提供できるので、商品やサービスのクオリティもアップし、顧客満足度も向上する。

必然的に、リピート販売も容易になり、口コミや紹介も自然発生しやすくなるというビジネスにおける善循環が回り始めるのだ。この状態に入れば、毎日の仕事が楽しく、やりがいの溢れたものに生まれ変わる。

このように**自分の仕事に充足感を覚えられる幸せも、ゼロ起業の大きな魅力のひとつ**なのである。

「誰に、何を、どうやって」

新機軸の発見には、コンサルタントが業務で使う「SWOT分析」（機会、驚異、強み、弱み）や、「3C」（自社、顧客［市場］、競合）、「4P」（商品、プロモーション［流通］、プレイス［場所］、価格）、「ポジショニングマップ」（2軸で自社の強みを見つけてライバルとの差別化をはかる）等の解析や分析ももちろん有効なのだが、「ゼロ起業」では、もっと早く簡単かつ具体的に新機軸を発見する方法をおすすめしたい。

それは**新機軸を、①誰に、②何を、③どうやって、の3つの切り口で考える**ことである。

最初の**「誰に」には、自分が顧客にしたいターゲットを当てはめる。**

この場合、サラリーマン専門、コーチ専門、ベーカリー専門、アラフォー女性専門、従業員30名以下の中小企業経営者専門、ひとりビジネスのフリーランス専門、30代以上中間管理職専門……とできるだけターゲットの業種や規模、年齢、性別、志向等を絞り込むことがポイントになる。

顧客ターゲットは、絞れるだけ絞ったほうが、該当する顧客の関心を引き、集客もずっとたやすくなることを覚えておこう。あなたがこの先ずっとつき合っていきたい顧客をひとり挙げてみてほしい。

次の**「何を」には、あなたがターゲット顧客に提供できる価値を入れてみてほしい。**

集客、営業、コスト削減、人事、会計、労務、債権回収、お掃除、ダイエット指南、イメージアップ、ブランディング、資産運用、副業支援、チームビルディング、モチベーションアップ……あなたが顧客に与えることのできるメリットを書くのだ。

自分にメリットを与えてもらいたい、または損失を回避したいということが、人間の2大欲求であるから、あなたがそのどちらかを提供することができれば顧客もあなたをむげにはできなくなる（それどころか強烈に求められるようになるだろう）。

提供価値は「ファイブ・フォーカス」に見られるはずなので、ピックアップしてみよう。

最後の**「どうやって」は、あなたの持っているノウハウやメソッドのことだ。**

テレアポで、ＦＡＸＤＭで、ニュースレターや小冊子で、あるいはリスティング広告で、フェイスブックで、スマートフォンで、ＹｏｕＴｕｂｅで、または不動産投資で、株式投資で、輸入・輸出ビジネスで、コーチングで、ヒーリングで、占いで、出版で、セミナーで、パブリシティやジョイントベンチャー戦略で……になる。

この場合も、たとえあなたが優秀で多くのノウハウを持っていたとしても、顧客ターゲット同様ひとつに絞ったほうが顧客に与えるインパクトは強くなる。

以上、３つの切り口を選んだら、①～③全部、または①と②、①と③という具合にミックスするとあなたの新機軸が完成する。たとえば……、

・サラリーマン専門コンサルタント養成コンサルタント
・コーチ専門マーケティングコーチ
・ベーカリー店専門会計コンサルタント
・アラフォー女性専門SST（シミ・しわ・たるみ）解消セラピスト
・アラフォー女性専門ほっそり脚づくり専門トレーナー
・母子家庭専門住宅ローン貸付アドバイザー
・1000万円以上の預金保有者専門FX資産運用アドバイザー
・設立5年以内の個人事業主専門モチベーションマネジメントコンサルタント等々

各々を組み合わせることで新機軸が具体性を帯びてくる。するとあなたのUSP（ユニーク・セリング・プロポジション＝同業他社にない圧倒的な強み）が、誰からもイメージしやすくなるので、あなたへ仕事を依頼する理由も明確になって顧客のほうから問い合わせが入るようになるのだ。

青息吐息の会計事務所はこうして起死回生した

会計士の栗山隆司さんは、同業他社との終わりのない顧客争奪合戦に心身ともに疲れ果てていた。特にリーマンショック後は、ダンピングも激しくなり価格争いがいっそう顕著になった。顧問先を訪問するたびに露骨に値下げ要求をされる機会が頻発し始めたのだ。会計士の〝先生〟とは名ばかりで、顧客に主導権を握られる状態が続いていた。そこで栗山さんは新機軸を打ち立てるべく、切り口を考えることにした。

顧客ターゲットである「誰に」には、自然酵母と味の美味しさからいつも午前中で商品が売り切れてしまう顧問先の人気ベーカリー店が真っ先に浮かんだ。

このベーカリー店は、マスコミにも報道される有名店である。余裕ある経営のせいで、ベーカリー店の主人の対応もいつもすこぶる好意的で、「先生の指導のおかげで業績好調です」と感謝され、そのたびに栗山さんのやる気や自尊心もアップしていた。当然ながら顧問料値下げの要求も過去に一度だってされたことがない。

以前から**「顧問先が全部このベーカリー店みたいだったら幸せなのになあ」**と思いを抱いていた栗山さんは、それまでの「何でもやれる会計士」というポジションを捨てて、「ベーカリー店専門会計コンサルタント」という肩書きを名乗ることにしたのだ。

さらに、栗山さんは繁盛しているベーカリー店から仕入れたマーケティングノウハウを提供する経営改善のコンサルティングも業務の一環に据えた。

ここで考えてみてほしい。もしもあなたがベーカリー店を経営していたらどうだろう？　普通の会計士と、ベーカリー業界に詳しく、その上、マスコミにも名の通っている有名店をクライアントに持つ会計士のどちらを雇いたいだろうか？　当然、後者だろう。

絞り込まれたターゲット（誰に）とニーズの高い提供価値（何を）の組み合わせで、競争のない状態をつくった栗山さんの事務所には、全国から彼に教えを請いたい（願わくば顧問先の繁盛ベーカリー店のようになりたい）ベーカリー店が殺到することになる。

埋もれていた会計事務所が新機軸を立てることで、一転して顧客から選ばれる存在になったのだ。

セラピストのＹさんも乱立する美容業界で同業他社との差別化に苦しんでいた。

そこで新機軸を打ち立てるべく、ターゲット顧客を調べてみたところ、既存の顧客には、自分の年齢に近いアラフォー女性が圧倒的に多かった。さらに顧客のニーズを深堀りすると、彼女たちの悩みは主に顔を中心としたシミ・しわ・たるみにあることがわかった。

そこで、Yさんは、悩みのスペルの頭文字をとって新しいキーワードを考えた。

それが、「SST（シミ・しわ・たるみ）の解消」だ。彼女の新機軸は、絞り込まれたターゲット＋ニーズの高い提供価値の組み合わせで「アラファー女性専門SST（シミ・しわ・たるみ）解消セラピスト」となる。こう名乗った途端、同様の悩みを持つクライアントが、我先にとYさんのもとに殺到することになった。このように顧客の不安要素を絞り込んで解消する提案をすることで、**ピンポイントの悩みを持つ人は「待ってました」「これこそが私の求めていたものだ」となだれ込んでくるようになる**のだ。

離婚経験を逆手にとった女性

ファイナンシャル・プランナーのNさんも新機軸で成功したひとりだ。ただし上記のふたりと異なり、Nさんは、「ファイブ・フォーカス4」のコンプレックスを活用した。彼女は離婚経験者で、幼い娘を女手ひとつで育て上げた。社会情勢的には離婚経験者が増えているにも関わらず、まだまだ片親であることが日常で不利に働くことも多い。経済的にも精神的にも彼女の苦労は並大抵なものではなかった。

中でも住宅ローンの貸付時に配偶者が不在だと、なかなか審査がおりないという体験をしたNさんは、ファイナンシャル・プランナーの資格をとって、「母子家庭専門の住宅ローン貸付アドバイザー」という新機軸を打ち立てることにしたのだ。

離婚率上昇の世相も追い風となり、Nさんのもとには該当者（母子家庭の母親）からの問い合わせが急増することになる。それ以上にブレイクスルーになったのは、**彼女が離婚経験者で、女手ひとつで子供を育てるという顧客と同じ経験を共有している**からだ。

自分と同じ苦労をしてきたNさんに共感や信頼を抱くのは、クライアントの当然の心理だ。Nさんも過去の自分と同じ状況であるクライアントの状態を改善させることに心を砕き、常に真剣勝負で仕事にあたる。強い信頼関係と使命感に裏打ちされた双方の関係がうまくいかないはずがない。圧倒的な成果を出し続けるNさんのところには、今日も全国からクライアントの問い合わせが後を絶たない。

第Ⅱ部
行動編

第2章
得意分野や趣味を存分に活かす!
コンサルタント起業法

「教える」要素を加えることで「選ばれる」存在になる

あなたの経験を顧客に教えて対価をもらう「知識差ビジネス」とは、クライアントに新しい体験や問題解決ノウハウを教えることで成立するコンサルタント業務そのものといってもいい。

どんな形で「ゼロ起業」をスタートするにしても、私たちは業務の一環としてコンサルタント的な「教える」要素を加える必要があるのだ。

いや、これはゼロ起業だけに限った話ではない。

今後は営業でも販売でも接客でもすべての職業に「教える」というコンサルティング要素を取り入れるべきだ。**あなたが価格以外で選んでもらい、その結果、儲けるためには、顧客に対して新しい価値判断を提供する必要がある。**教える要素をひとつ加えることで顧客との間に強い信頼関係が構築され、その結果、あなたが選ばれる存在になれるのだ。

私、吉江のクライアントである田島大輝さんは中堅中小企業に対する経営全般のコンサルティングとそれに関わるコンテンツ販売を行っている。

彼は大手コンサルティング会社に勤めていたが、日本全国を飛び回る激務に疲れ、故郷・山梨に帰り地元の電鉄会社に入社する。しかし、中小企業を元気にしたいという経営コンサルティングの仕事をあきらめきれず、毎月1回、5枚程度のPDFによるニュースレターを過去のクライアントや知人経営者に送り続け、配信先の経営者からコンサルティングの依頼がくるようになった。

さらに、ニュースレターの中から評判のよかったコンテンツをもとにマニュアルを制作、ペンネームで立ち上げた自分のホームページで販売したところ、徐々に販売数が増えていった。その後、マニュアルのラインナップを増やすことで、コンサルティング収入と合わせ、会社勤めの月給を倍近く上回るようになり、会社を退職し独立をする。

独立に際して田島さんが心がけたのは、日本全国を飛び回る必要のある接近戦のコンサルティングを避けるということだ。具体的には、クライアントに提供してきた経営コンサルティングの内容を次々とマニュアルにして販売する手法をとった。

たとえば、人材採用といった、何度も顔を合わせる必要のあるコンサルティングならば

１００万円以上を請求せざるを得ない。それは中小企業にとっては大きな金額であり、営業の労力も重く、またクライアントの過度な期待と場合によっては依存を生む。

一方、田島さんのように人材採用コンサルティングの内容をマニュアルとしてまとめ、販売する方法であれば、**経営コンサルティングそのものを中距離で安価に提供することができる。**実際、このマニュアルを7万円で販売したところ、開始2日間で20本近くも売れ、その後も継続して売れ続けている。これ以外にも、販売するコンテンツの数を増やし順調に売上げを伸ばしている。

田島さんがこうしたスタイルで**成功できている一番の要因は、毎日発行しているメールマガジンで読者との信頼関係を築いていることにある。**読者の目の前にいるようなわかりやすい言葉で語りかけ、また中小企業の経営者がどんなことで悩んでいるのか、これからどんなマニュアルをいくらで欲しいのかをメルマガ上で頻繁に質問し、それに実直に応えていく。関係性の強い読者が増えればマニュアルの販売、セミナーの集客、コンサルティング契約の受注がどんどん楽になっていくのだ。メルマガを使ってコンサルティング事業の好循環、安心感を生み出している好例といえよう。

お客さまの欲望を満たして同業者の３倍稼ぐ

動画コンサルタントの岡本城一さんの例もご紹介しよう。

岡本さんはもともとセミナーや講座等の撮影をするカメラマンで、自分がコンサルタントになるという発想は持ち合わせていなかった。しかし、カメラマンとして多くの撮影現場に関わっているうちに、セミナーや講座を大量に集客できてお金を稼げる人と、反対に集客に苦労して不発で終わる人の事例がどんどん貯まっていった。そうした事例を仲間たちと飲みながら話しているうちに、「そのノウハウをもっと詳しく教えてほしい」という人が20人以上集まり、急遽、初セミナーを開催することになる。

岡本さんは、元来、誠実な人柄で他者に貢献したいという気持ちが強く、「どうせセミナーをやるならば、本当に参加者の役に立ちたい。ならば一人ひとりと長い時間関わって、自分の持っているノウハウをすべて教える講座も一緒に開催しよう」と年間で70万円の「動画コンサルタント起業講座」（動画撮影を覚えて動画コンサルタントとして起業できる年間講座）をセミナーの終了間際に案内したところ16人の参加者が手を挙げた。16人全員をフォローするのは難しいので参加者を5人に絞り、現在、10人以上が岡本さんの講座の順番待ち状態にある。

インターネット集客コンサルタントのNさんの例も参考になるだろう。Nさんは企業や個人でビジネスをしている人（フリーランスや個人事業主）に対するホームページ制作と毎月のサイトのメンテナンスを主な収入源としていた。しかし、現在はホームページ制作会社が星の数ほどあり、価格合戦も熾烈になってきている。仕事を獲得するためには利益のほとんど出ない価格要求ものまざるを得ない状況なのだ。しかもホームページ制作は労働集約型のビジネスなので仕事をとればとるほど肉体的にも過酷になってしまう。

会社に縛られるサラリーマンの不自由さがイヤで独立したのに、これでは何のための起業かわからない。

そこでNさんは、**ただのサイト制作業から業務にコンサルティング要素を加えることにした。**コンサルタントとして成功する黄金律は顧客の本当に望むことを考え抜いて、それを与えること。顧客の目的は一見、ホームページをつくってほしいことに見えるが、その実、そうではない。顧客の真の目的はホームページによって自社の売上げをあげることにあるのだ。

マーケティングの原点である顧客のベネフィット（商品やサービスから得られるメリット）に目を向けたNさんは「御社の戦略にあったホームページをコンサルティングし、制作します。その新しいホームページから3カ月以内に新規売上げが受注できない場合は、サイト制作料金を全額返金します。もちろん、ホームページはそのままお使いになって構いません」という完全返金保証付きのコンサルティング提案を行ったのだ。

これによりNさんは通常のホームページ制作会社より3倍以上高い料金で多数のクライアントの集客に成功している。

ホームページに限らずに相手の関心のありかを見抜き、興味を持つ提案ができればコンサルタント起業で成功することは、それほど難しくない。その途端、顧客のほうから選ばれる存在になれるからだ。

あなたのクライアントが欲してやまないものは何だろう？　あるいはそのことを考えると夜も眠れないくらい不安や心配になる問題は？　コンサルタント起業の場合、その発見の有無こそが成功と失敗を分ける分水嶺になるのでじっくり考えてみてほしい。

自分の持つ知識を人に教えればそれは立派なノウハウであり、希少なコンテンツとなる。そして、彼らのように**コンサルタント起業すれば（お金に換える仕組みをつくれば）、毎月、サラリーマンのボーナス並みの収入を得ることも可能**になるのだ。

ラブレターで起業した女性

女性コンサルタント起業の例もご紹介しよう。ちなみにふたりとも主婦である。

ひとりはフードビジネスコンサルタントの榊原理加さん。以前、料理関係の仕事をしていた榊原さんは食の仕事で独立したい人に絞って「料理ビジネスに携わる人の幸せと地位向上」をミッションにコンサルティング活動を行っている。私が10年前にサラリーマンに特化してコンサルタントになる方法を伝えたのと同じように、ターゲットを絞ることで成功しているゼロ起業家のひとりだ。主にマーケティングを中心とした集客全般を教えることで、これまで月３～４回の料理教室開催だった人をいきなり40人以上のキャンセル待ちが出る売れっ子にしたり、独自の専門レシピを開発させてＮＨＫ出演の依頼が来るまでの料理家にしたり、ブログ集客の方法を伝えて月間6万PVを達成、レシピ本の出版オファーがくる料理家に成長させる等、フードビジネスの成功者を続々と輩出している。

もうひとりは長谷川なみさんという「企業&起業家専門ラブレターチラシプロデューサー」だ。彼女は主に女性客をターゲットにしたい企業や起業家に向けて、ラブレターチラシというセールスレターノウハウを武器に集客提案をしている。

巷にチラシやセールスレターの書き方を教えるコンサルタントは数多く存在するが、そのほとんどが男性客に向けたものばかり。変に煽（あお）ったり、感情操作することが見え見えのセールスレターでは直感力の鋭い女性は反応しないと、ラブレターを基調にしたチラシ&セールスレターメソッドを開発し、ある企業に自らそのメソッドを売り込む。そして集客を開始したところ、長谷川さんのラブレターチラシは多くの女性客を引き寄せることに成功したのだ。

長谷川さんのように**たったひとつでいいので成功例ができると、コンサルタント起業は俄然優位に進む**（だから死に物狂いでひとり成功事例を出そう）。現在、喉から手が出るほど女性客が欲しい企業や起業家たちが長谷川さんの指導を仰ごうと順番待ちの状態にある。

コンサルタントに資格は不要。唯一、必要なものは……

ここからいよいよコンサルタント起業法の立ち上げ方を説明していこう。

「コンサルタントになるには中小企業診断士の資格をとったり、コンサルティング会社が開催しているコンサルタント認定コースを受ける必要があるか？」と聞かれることが多いが、なくてもまったく問題ない。資格や認定コースではお金を稼げないからだ。

コンサルタント（というよりビジネス全般）で必要なのは集客（マーケティングとセールス）なのである。そこで、ここでは集客に絞って起業法をお伝えすることにする。

ズバリ、**あなたが顧客になってほしい人（新機軸のターゲット顧客層）に、あなたの持つ情報（知識差ビジネス）を、あなたがもっとも得意とする媒体で発信**するのだ。

ということで、あなたが最初に手がけるべきは情報発信する媒体を用意することになる。

情報発信する媒体としては、ＤＭ（ダイレクトメール）、チラシ、ニュースレター、小冊子、メールマガジン、ブログ、フェイスブック、ＹｏｕＴｕｂｅ（動画）、ポッドキャスト（インターネットラジオ）、あるいは書籍、電子書籍、マスコミパブリシティ等がある。

顧客は各媒体にそれぞれ一定数いるので、できるだけ広くリーチすることが理想ではあるが、あまりに手を広げてしまうとエネルギーが拡散して、すべてにおいて中途半端な結果につながってしまいがちだ。**最初は、媒体をひとつに絞ったほうが効果的だ。**

私のおすすめはメールマガジン（以後、メルマガ）である。他の多くが待ちの媒体（顧客のほうからあなたのもとを訪問するもの。ＤＭとチラシは広告なのでここでは除外する）であるのに対し、**メルマガは、唯一こちらからアプローチできる攻めの媒体**だからだ。実際、コンサルタント起業で成功している人のほとんどがメルマガを活用している。

もちろん、あなたがメルマガ以外で得意な媒体があれば、それに力を注ぐことはやぶさかでない。写真が好きならば、ブログやフェイスブック、話すことが得意ならばＹｏｕＴｕｂｅやポッドキャストでもいいだろう。

ひとつの媒体でアドバンテージがとれると後々、広く影響力が及びやすくなるので、あなたに最適なプラットフォームをまずはひとつ見つけて（つくって）みてほしい。

具体的な人物に向けてのメッセージを込める

メルマガ発行に関しては、必要以上に神経質になる必要はない。本やセミナーで自己投資して学んだことのエッセンスを、あなたの体験とフィルターを通し、自分の言葉でクライアントにしたい人の役に立つように書いていけばいいのである。

メルマガ執筆の際は、**自分の中にひとつのテーマを持つと文章が書きやすくなる**だろう。たとえば、私ならば、毎回、メルマガ読者の勇気になり、行動を起こすきっかけになるような内容の文章を書くように心がけている。

私は書くことが好きなほうなのだが、それでも「今日は体調が悪いので書きたくない」というときもある。すると、文章のエネルギーも知らず知らずに低下しがちになる。

そんなとき、メルマガに自分が伝えたい明確なテーマがあれば、「あ、この程度の内容では、読者の勇気になんてなれないぞ」「こんな文章じゃ読者がやる気を起こすわけがない」と、自らを奮い立たせて、状況を改善させるペースメーカー的な役割を果たすのだ。

毎回のコンセプトにも一貫性が生まれて、内容の信憑性や著者への信頼感を増す効果もある。

このとき、具体的に実在の人物をひとり思い浮かべてみてほしい。「○○さんの元気が出るように、励ますような文体にしよう」「○○さんの仕事が改善するように今日は具体的なノウハウを書こう」等、**実在するひとりの読者ターゲットに向けてフォーカスする**と、その後ろには同じような立場や状態の層が必ず一定数存在するので、結果的に多くの人々の共感を呼ぶ内容になるのだ。

またここ数年は、文字によるメルマガだけでなく、動画を使ったメルマガも増えてきた。動画だと声、表情、雰囲気等、あなたの人となりがダイレクトに伝わるので、好意や好感を持ってくれる読者を一気に増やす効果が期待できる。

文章を書くよりも話すほうが得意な人は、動画メルマガにチャレンジしてみるのも一手である。

「何かお返しがしたい」とお客さまに思わせる

ここでメルマガ発行に向けて大切なポイントをお伝えしておこう。それは、メルマガは、質よりも量に重きを置くべきであるということだ。

量といっても1回のメルマガの文章量のことではない。**メルマガでもっとも重要なのは、接触頻度**なのだ。できれば日刊（毎日発行）、少なくても週刊（週に1回発行）で配信するようにしよう（とはいえ1日に何度もメルマガを送ってはいけない。1日に発行する回数は1回が望ましい）。

定期的にメルマガを配信することで一定の読者はあなたのメルマガに共感や愛着を感じるようになるだろう。そのような読者は毎日（あるいは毎週）あなたのメルマガを読む習慣がつくので、以後、あなたがビジネスを行う上で大変なアドバンテージになるのだ。

人は何を買うかよりも、誰から買うかを優先させるからだ。特にコンサルタントの場合、クライアントはコンサルティングを受けてみなければわからない不透明な部分が多いので、前もってメルマガであなたのスキルや人間性を知ってもらうことが必須になる。

そして、これも大変重要なのだが、メルマガを発行しても、焦ってすぐに売り込んではいけない。**まずは読者に貢献することが先決なのだ。**

読者が行動するきっかけになったり、問題点を改善したり、感動を呼んだり、面白かったり、共感できたり、励ましやねぎらいになるような情報を少なくとも3週間（21日間＝人間の習慣になるといわれる日数）、発行すること。

あなたが受け取るものの量はあなたが与えたものの量と比例する。あなたが与えるものが多くなるにつれて読者はあなたに、「与えてもらってばかりで悪い。何かお返しがしたい」という気持ちが芽生え始める。この時点であなたがコンサルティング提案をすれば、多くの読者が進んで申し込んでくれるようになるはずだ。

とはいえ、いきなり高額（数十万円以上）のコンサルティング提案をしても敷居が高いので、最初は低額（5000～2万円くらい）のお試しコンサルティング提案、またはセミナーを開催することをおすすめする。正規価格が高額なコンサルタントの場合、インターネットだけではクライアントも決断できない傾向が強いので、一度フェイス・トウ・

フェイスで会う場を設けてほしい。お試しコンサルティングを実施した上でクライアントが「ああ、やっぱり〇〇さん［あなた］のスキルと人間性は間違いない！」と確認した後にクロージングすれば、高い確率での申し込みが見込めるようになるだろう（効果的なクロージング法は第3章のセミナー起業法に詳しく書いたので参照してほしい）。

成功のリズムを獲得する

先ほど、特定のひとりの人にメールを書くライティング法の効用を伝えたが、もっと強力で、なおかつ誰にでも１００％再現可能な方法がある。それは、模倣（コピー）である。すでにコンサルタント起業で成功している人のメルマガに登録して、その文体を写経のように丸写しするのだ。できれば手書きが望ましいが、パソコンでも構わない。

読むだけでなく、自分の手を使って文字に起こすことで、よりいっそうリアリティを持ってメルマガ作者（この場合、成功しているコンサルタント）の思考法がつかめて、彼らのリズムに同調できるようになる。

メルマガに限らず、成功の周辺には、常に一定の旋律（リズム、ペース、スピード）が保たれており、その感覚をつかむことで今までの自分の古い殻を破り捨てて、一段階上のステージへの進化、成長が図れるようになる。

最後にメルマガ運営においてもっとも重要なポイントを押さえておこう。

それはメルマガ読者を増やすことだ。**あなたがいくらいい記事を書いても、それを読む人が存在しなければ、そのコンテンツは存在しないも同様**になってしまう。

さらに登録してくれた読者の一定数は、必ず離れていくものなので、あなたは常に新規読者から登録してもらう戦略を練っておく必要がある。

ただし、メルマガ読者を増やすことは、メルマガを発行することに比べて少々厄介だ。メルマガの発行数は、計測不能なほど増えている。そんな供給過多の中、読者を増やすためには、作者であるあなたが手間をかけるか、お金をかけるかしかない。

それでは今一番効果があると思われる手間とお金のかけ方を順番に解説していこう。

手間をかけて顧客候補を集めるノウハウ

ノウハウ①　名刺を集めてメルマガへの登録を依頼する

非常に地味ではあるが、もっとも堅実で即効性があるのは、あなたの過去の名刺を全部集めて、その人たち一人ひとりにパーソナルな文章で「メルマガを始めました。毎回、無料とは思えないほど役立つ情報を公開しますのでぜひ登録してください」とメルマガへの登録依頼のメールを送る方法だ。

ただ一方的に「メルマガに入ってほしい」とお願いするだけでは、なかなかメルマガ登録をしてもらえないので、何か価値ある情報（相手が喜んだり、相手の悩みを解決させる動画、音声、ＰＤＦ）をプレゼントすることで登録率をあげる工夫をしよう。

ノウハウ②　ホームページやブログにメルマガ登録フォームをつける

あなたがホームページやブログをすでに立ち上げていたら（まだの人はこの機会に立ち上げよう。メルマガはホームページやブログと連動させることでよりレバレッジが効く）、それら自社メディアにメルマガの登録フォームをつけて読者増を図る方法もある。

登録フォームは一番目立つ場所（先頭の中央または左上）に大きくつけて、ここでも無料オファー（メール登録者に動画、音声、ＰＤＦ等をプレゼント）を用意するといい。

またブログの場合、記事を書いて「この続きはメルマガで」と誘導したり、「〇月〇日〇時にメルマガで公開しますので登録をお願いします」と予告すると一定のブログ読者がメルマガ登録してくれる。

ただし、いくらいいプレゼントを揃えたり、魅力的な記事で誘導や予告をしても、自社メディアにまったくアクセス数がないと意味がない。そんな場合は、一定数のアクセスを伸ばす手立てが必要である。

具体的には、ホームページに見込み客（読者）から検索されたいキーワードを多く入れたり、タイトルを魅力的なものにしたり、ページランクの高いサイトからの被リンクを増やしたり、Ｙａｈｏｏ！ディレクトリー登録に申請したり、ＹｏｕＴｕｂｅ等の動画を載せたり、商品やサービスを比較するお役立ち情報を載せるといった、アクセスアップのためにできるテクニック的なことはたくさんある。ＳＥＯ対策の本や、インターネットで調べてみてほしい。今はＷｏｒｄＰｒｅｓｓでブログをつくって日本語ドメインをとると検索上位にアップされる確率が高くなる（２０１４年6月現在）。

だが、テクニック的なＳＥＯばかりに頼っていてもダメなのだ。アルゴリズムの変化で検索順位が一夜にして大きく変動するからだ。**良質なコンテンツほど強いＳＥＯ対策はない。**

ノウハウ③　セミナーやイベントを主宰してメルマガへの登録を依頼する

セミナーの場合は、あなたが講師の立場からメルマガ登録をお願いできるので、素直に読者登録してもらえる確率が高まるというメリットがある（とはいえ、全員が登録してくれるわけではないので無料プレゼントは用意しておいたほうがいい）。

イベントの場合は（セミナーでも）、参加者にアンケート依頼する方法がおすすめだ。アンケート用紙の最後でメールマガジン送付についての許諾をとれば、多くの参加者は高い確率で承認してくれるはずである。

このセミナーだけで読者を２０００人以上コツコツ増やしたセミナー講師もいる。

他にもフェイスブックやＹｏｕＴｕｂｅ、アメブロ、ＷｏｒｄＰｒｅｓｓ等、ＳＮＳを連動させたり、テーマが共通するメルマガ作者へのメルマガ相互紹介依頼、無料レポートダウンロードサイトへの登録等、メルマガ読者を増やす方法は多数ある。できることをすべてやるようにしよう。

お金をかけて顧客候補を集めるノウハウ

ノウハウ① 広告で読者を集める

読者を集めるためにもっとも確実で現実的な方法が広告になる。ランディングページ（メール登録をしてくれた人に無料プレゼントを提供するサイト）をつくって、ＰＰＣ広告（Ｇｏｏｇｌｅアドワーズ広告やＹａｈｏｏ！リスティング広告）やメルマガ広告、フェイスブック広告等を活用すると属性の合う読者が集まりやすい。

ただしＰＰＣ広告とメルマガ広告は単価の高騰で以前ほどの効果が期待できなくなってきた。今はフェイスブック広告がもっとも費用対効果の高い媒体なので簡単に触れておく

（２０１４年6月現在）。

フェイスブックページをつくって「いいね！」を押してもらい、広告の拡散を依頼する代わりに読者に役立つプレゼント（動画、音声、ＰＤＦ等）を無料進呈する方法（２ステップ広告）と、広告先をＷｏｒｄＰｒｅｓｓのブログ（他のブログでも可）にリンクさせて、ここに詳細で役立つビジネスノウハウ（お役立ち情報サイト）を掲載して、訪れた読者の信頼を得た後に、メルマガ登録を促す方法がある（３ステップ広告）。

その上で行動ターゲティング広告、リマーケティング広告（一度検索した人のパソコンに何度も告知が表示されるバナー広告）も設定しておくと費用対効果がいっそう高くなるので、広告をする場合はセットで考えてみてほしい。

ノウハウ② アフィリエイトで読者を集める

ランディングページをつくって、**メール登録1件につき大体３００円以上のフィー（報酬）でアフィリエイターに告知を依頼することで読者を効率的に増やす**ことができる。

アフィリエイトの場合、成果報酬なので広告よりもお金を抑えて読者を集められる点が魅力だ。特にスーパーアフィリエイターといわれる人の中には一度のメルマガで多数の読者を獲得できる力のある人がいるので、通常のアフィリエイターよりもやや高いフィー（５００～７００円くらい）を払ってでも動いてもらえると心強い。

ただし、残念ながらアフィリエイターの中には、架空の無料メールアドレスを大量につくってアフィリエイト報酬を狙う不正を働く人も少数ながら存在する。

不正アフィリエイターは、メールアドレスが一定のドメインに偏重する、クリック率が著しく悪い、集めてきたアドレスにメルマガを出してもまったく解除されない（反応がない）等の特徴がある。不自然さを感じたらアフィリエイターに開示を求める等、断固たる態度をとって不正アフィリエイトは犯罪であるという認識を持たせることも必要になるだろう。

ノウハウ③　まぐまぐ、まぐゾウ、すごワザで読者を買う

広告と違い、お金を払えば必ず希望人数分だけ読者数を増やすことができる点が利点である（まぐまぐは一部その限りでない広告もある）。

その代わりひとりあたりの費用対効果が高いのと、まぐゾウ、すごワザは、インフォプレナー（情報商材販売者やアフィリエイター等）に近い読者が集まるのでコンサルタント

起業の顧客ターゲットとしてはやや不向きである点が難点といえる。

まぐまぐ広告は価格が高めなのとメールアドレスを自分で収集できない（すべてまぐまぐが管理）点はデメリットだが、読者層はサラリーマンやＯＬを中心に比較的良質である。正直、まぐまぐは一時（２００６年以降）ユーザーが離れて（読者、作者両方とも）、反応が落ちていたが、ここにきてまた新しい読者がつき始めてきたように思う。時代は繰り返すということか？　お金に余裕があれば試す価値はあるだろう。


以上の方法でメルマガ読者は増えるはずだ（ただし、いずれも広告であり、当方で効果を保証することはできない。実施する場合はすべて自己責任でお願いしたいと思う）。

読者へは、良質なメルマガコンテンツを配信して、信頼関係を構築していこう。繰り返しになるが、**あなたが与えたものがあなたに返ってくるのだ。**

読者との関係性が強化できると、彼らは大変頼もしいパートナーまたはサポーターになってくれて、以後のあなたの活動を応援してくれるようになる。

コンサルタント起業を目指す場合、必ずあなたのパートナー（サポーター）になり得る読者獲得が見込めるメルマガを始めるように心がけてほしい。

第Ⅱ部
行動編

第3章
「先生」になればバックエンド商品も売れる!
セミナー起業法

「先生」になれば何でも言い値で売れていく

起業をするならばセミナーほど活用できるツールはないだろう。

セミナーには、大勢の参加者に対して自分のビジネスに対する考え方を教示、伝達できるという特長がある。さらに、都合のいいことに、**セミナーによってあなたは売る人（販売者）から教える人（先生）にポジションを変えられる**のだ。セミナーの壇上から話すあなたは、参加者（顧客）から見ればまぎれもなく先生にあたる。

普段は営業トークと受け取られても仕方のないあなたの主張や提案（あなたに仕事を任すメリットやベネフィット等）を、セミナーの場を借りることで参加者が進んで、有料セミナーならばお金を払ってまで聞いてくれるという恩恵を被ることができるのだ。営業マンがすすめるものと先生がすすめるものとでは、どちらが相手に受け入れられやすいかはいうまでもない。

その関係性の中では高額商品（主に個別コンサルティングや高額プログラム等のもっと

も収益の出るバックエンド商品）が売りやすくなるというメリットもある。

たとえば、私、吉江のクライアントであるコーチの大平信孝さんは、独立後、友人や知人に最初の一度だけ無料コーチングのオファーを出し、その後、有料コーチングに移行してもらう仕組みで営業を仕掛けていたが、うまくいかなかった。この方法では大平さんと参加者との間に営業マンとお客さまという上下関係の構図ができあがっているからである。さらに、無料だと本気でコーチを受けたいという熱心な人が集まりにくくなるので、「次は有料で」と聞いた途端、「それでは結構です」と拒絶されてしまうケースも多くなる。

そこで大平さんは、自分のメルマガ、ブログ、フェイスブック等、主にＳＮＳを告知媒体に2時間で３０００円のセミナーを行い、その中から興味のある人だけに3カ月コースで21万円の経営者向けコーチングや半年コースで68万円のコーチ養成講座（プロコーチとして独立したい人のための半年間プログラム）の提案をしたところ、2時間のセミナーには毎回5〜6人の参加者が集まり、常時2〜3人のコーチング契約や講座の申し込みを獲得できるようになった。現在、大平さんは経営者やアスリート、ベストセラー作家等をクライアントにして、コーチングや企業内研修等で多忙な毎日を送っている（なお、大平さんはこうした形式をとったが、「コーチング起業法」で無料コーチングから始めて、上手にビジネスにつなげる方法も存在する。それは第6章で詳述する）。

営業コンサルタントの木戸一敏さんもセミナーを効果的に使っているひとりだ。木戸さんは自身の営業セミナーの動画を希望者にプレゼントすることでメールアドレスを集めて、それら見込み客に定期的なセミナー開催案内を送っている。見込み客は、すでに動画によって木戸さんの専門性や人間性に共感を得ている人が大半なのでセミナー申し込み率もすこぶる高く、毎回1000～3000円のセミナーに30～40人の参加者が集まる。

これだけでは3万～12万円の収益だが、木戸さんには**バックエンド商品として2日間で35万円の営業合宿があり、セミナーの最後に紹介すると常時10～15人以上の申し込みが入る**そうだ。さらに、セミナーに参加しなかったが合宿に興味のある人に電話でフォローすることで600万～1000万円の収益になるという。普通のセミナー開催ではあり得ない高収益モデルである。

社会保険労務士のAさんの例もご紹介しよう。Aさんは社労士の資格をとって独立したものの最初はまったく自力で顧客をとれずに苦労していた。一般的に士業は上下関係が厳しい業界といわれており、地域で派手な新規開拓営業をすると目の敵にされやすい。最初は、ひたすら先輩社労士の仕事をほぼ無料で手伝って、ポツポツと仕事をもらっていたのだが、これでは嫌いな上司の機嫌をとって出世を狙うサラリーマンと変わらない。

そこでAさんは先輩社労士との関係を断ち切り、独自のコンテンツである「助成金獲得ノウハウ」を商工会議所に売り込むことにした。そのセミナーには当然、助成金目当ての経営者が集まる。すなわちセミナー参加者はAさんの見込み客ばかりなのだ。しかもセミナーでもっとも大変な集客や運営は主宰者である商工会議所がやってくれる。Aさんは**定期的にセミナーを開催することにより、参加者の中から継続的な顧問契約を獲得するという儲けの仕組みを構築**させた。

Aさんの場合、商工会議所に自分のセミナーコンテンツを売り込んだだが、保険会社や不動産会社等とジョイントセミナーを開催している士業のクライアントもいる。

あなたにしっかりしたコンテンツがひとつあれば相手（セミナー主宰者）も新規顧客の獲得や、既存会員サービスのためにセミナーをやりたがっているものなのだ。自分の見込み客がどこにいるかリサーチして、積極的にセミナー開催の提案をしてみるといいだろう。

エンタメ好きのＯＬが売れっ子講師に

副業としてセミナー講師で成功している女性もいる。会社員の上口（かみぐち）まみさんは、週末と勤務時間以外の時間を使って、セミナーを効果的にビジネスに活用したい経営者、営業マン、コーチ、コンサルタント、カウンセラー、士業等に向けてプレゼン、パワーポイント、セミナー構築の上達を目的としたセミナーを開催している。

とはいえ、上口さんがこれまで何十年間もセミナー経験があるバリバリのセミナー講師というわけではない。彼女は学生時代から演劇やお笑いが好きでライブや舞台に数多く通っていた。あるとき、友人のコンサルタントのセミナーに誘われて参加したとき、舞台やライブとセミナーは共通点が多いことを認識。そこで印象に残ったライブパフォーマンスをヒントに「ここをこうすればもっといいセミナーになるんじゃないかな?」と友人のコンサルタントにアドバイスを送ったところ、後日、「上口さんのアドバイス通りにセミナーをやったら参加者から大絶賛されて、コンサルティング契約もとれた」と感激される。

その後、評判を聞いて集まったセミナー講師たちに向けて毎月定期的にセミナーを開催。「セミナーはエンターテイメントである」という彼女の主張が多くのセミナー参加者に受け入れられる。現在、セミナーと個別コンサルティング（希望者にオーダーメイドのコンサルティングを提供）で本業と同じくらいの収入を得ている。近々に独立も考慮中だ。

本書で推奨する７つのどの起業法で起業しようとも、セミナーはあなたの権威づけとなり、認知度や信頼性を高めて、販売力までもアップさせる強力なツールになることがおわかりいただけただろうか？　**起業するならば、ぜひセミナー開催を目指して、あなたのビジネスモデル（儲けの仕組み）のひとつに加えるようにしてほしい。**

儲かるセミナー、儲からないセミナー

とはいえ、ただセミナーを開催さえすれば、起業がうまくいくというわけではない。

まずセミナーには、次の２種類があることを覚えておこう。

セミナーそのものを商品として、比較的高額な価格で参加者を集めて、情報を提供する対価として報酬を得る**「情報提供型セミナー」**と、セミナーには無料または低価格で参加者を集めて、その中の一定数にあなたが本当に売りたい高額商品やサービスを提供することで報酬を得る**「顧客獲得型セミナー」**である。

世間一般で行われているセミナーのほとんどは、前者の情報提供型セミナーだが、**セミナー起業を目指す場合、後者の顧客獲得型セミナーを目指さなければならない。**

その理由はふたつある。

まず1回で売り切り型の情報提供型セミナーでは、継続的な儲けの仕組みをつくりにくいというデメリットがあるからだ。

セミナーを一度開催するとわかると思うが、セミナー会場の予約、スタッフの手配、備品（パワーポイントやスクリーン、板書、マイク等）の用意、セミナーのセールスレターと申し込みサイトの作成、集客のための諸々の準備や仕掛け、申し込み者の入金確認から当日の受付と運営、終了後のフォロー等々、多くの手間やコストがかかる。

セミナー集客数が、そのまま報酬につながる情報提供型セミナーでは、毎回参加者を少なくても10人以上集めないと赤字になるか、赤字までならなくともそれほどの利益を望めないだろう。セミナーの場合、集客を継続的に増やすことがもっとも難儀なのだ。

情報提供型セミナーのふたつ目のデメリットとしては、ひとつのコンテンツだけではいずれ先細りになるため、集客のためにいろいろな内容のセミナーコンテンツを用意しなければならないという点がある。

すると、いつまでたってもあなたの専門性が磨かれず、周囲からも「あの人は一体何を目指しているのだろう？」「一貫性がなく信頼も置けない」という評価を下されてしまう。

これからセミナー起業を目指すあなたは、情報提供型セミナーよりも断然メリットの多い顧客獲得型セミナーに取り組んでほしい。

以降で顧客獲得型セミナーの成功術を9つのステップでお伝えしていこう。

私を含めて多数のクライアントが成功している汎用性のある方法なので、最初はこれをそのまま順番通りに真似してみてほしい。

セミナー起業法で成功するための9つのステップ

ステップ①　無料あるいは低料金で6人以内のセミナー参加者を集める

まず、セミナー集客法だが、まだ無名（のはず）のあなたにお金を払ってまで習いたい奇特な人は圧倒的に少数だろう。なので、1～3回くらいまでは参加者を無料で集めることをおすすめする。**顧客獲得型セミナーのキャッシュポイント（儲けの仕組み）は、あくまで高額商品と個別契約の販売（バックエンド商品）にあるので、参加者は少数で構わない。**まずは開催することに意義があるのだ。

ただし、無料だとどんなに良質な内容であっても価値を感じない人やドタキャンする人も出てくるので、それがイヤな場合は低価格のセミナー料金を設定することはやぶさかでない。その場合、2～3時間で3000～5000円くらいが妥当だろう。

また最初は、無料または低価格で始めたほうが参加者のセミナーに対する期待値も抑えられるので、まだそれほどセミナー慣れしていないあなたもセミナーの進行がやりやすくなるというメリットもある。

ステップ② セミナー前に参加者一人ひとりと入念なコミュニケーションをとる

ほとんどの人間は知らない人に対しては警戒心から冷たく接しがちだが、一度でも関係性ができると今度は一転して思いやりのある態度になるものである。セミナーでもこの特性を活用しよう。

セミナー前に一人ひとりと念入りにコミュニケーションをとるのだ。

全員と名刺交換をして**「どこからいらしたのですか？」「このセミナーに何を期待されていますか？」**と相手の名前を呼びながらコミュニケーションをとれば、参加者もあなたに好意や好感を持つはずなので、その後のセミナー進行がぐっとやりやすいものになる。

ステップ③ 冒頭にこのセミナーで達成できることを宣言する

セミナースタート時は、あなたの自己紹介をした後、参加者がこのセミナーを受けることで達成できることを具体的に宣言してほしい。

たとえば「セミナー終了後には、この世の中において、自分の本当にやるべきビジョンやミッションが理解できる」「セミナー終了の20時にあなたがこの会場の後ろの扉を開けたとき、〇〇（このセミナーのテーマ）を完全にマスターして明日からやるべきことが明確になっている」等である。このように最初に理想の未来を宣言することで、セミナー参加者の脳裏にこのセミナーを受けるメリットが改めて浮き彫りになり、積極的に参加しようというやる気スイッチが入るようになる。

セミナーというのは、ある意味、エネルギー（気）が会場の雰囲気全体を左右する。

参加者の熱が会場全体に伝播されていくと、セミナー自体、大変エネルギッシュで価値の高いものに醸成されていくのだ。

また、もしセミナー終了後に、あなたの宣言通りに参加者がこのセミナー内容を完全にマスターできなかった場合、不安や焦りが生まれて、その後、あなたの提案するバックエンド商品（高額商品や個別契約）のオファーを真剣に検討せざるを得なくなるという状態を生みやすくする。そういう意味では、顧客獲得型セミナーの場合、参加者に完全に内容を理解させるよりも多少の疑問や不安を残して終えたほうが、都合がいいともいえるのである（だからといって、情報の出し惜しみは禁物だ。バックエンド商品の効果的な販売法

は この後、詳しく述べるので参照してほしい）。

ステップ④　開始直後から参加者に当事者意識を持たせる

と、ここまで念入りにステップを踏んでも、セミナー開始直後は、講師であるあなたも緊張するだろうし、それ以上にセミナー参加者は、「このセミナー講師はどういう人なのだろう？」「このセミナーにお金と時間を投資して正しかっただろうか？」という期待と不安が入りまじり、ぎこちなくスタートするものである。

そこでセミナー参加者の意識を能動的に目覚めさせる必要があるのだ。

それには参加者に質問することが効果的だ。

たとえば**「あなたが、この１週間で一番うれしかったことは何ですか？」**、あるいは「このセミナーに期待する（またはセミナー後に達成したい）ポジティブなことをひとつ挙げてみてください」という質問は即効性がある。この質問をすると、参加者は自動的にうれしかったことやポジティブなことを考えざるを得なくなる。出来れば参加者一人ひとりに前に出て発言してもらおう。セミナー冒頭で参加者に能動的な発言をさせることで「このセミナーに参加している」という当事者意識が生まれる。

ここが第二のやる気スイッチとなる（第一は、セミナー冒頭にあなたが参加者のメリットを宣言すること）。

このとき、参加者に子供時代の話を振るといっそう効果的だ。「子供の頃、将来何になりたかったですか？」「中学校の部活は何をやられていましたか？」「学生時代一番夢中になり、楽しかったことは何ですか？」等の質問をしてみてほしい。

脳科学的には、5歳から15歳くらいまでの、まだ世間に対する免疫が少ないピュアな子供時代の思い出話を共有することで、相手はあなたに対してあたかも古くからの友人同士のような錯覚が生まれるといわれている。

ステップ⑤　カスタマイズした解決策は伝えない

ここでやっとセミナーコンテンツに入るのだが、情報提供型セミナーならば参加者の問題解決を焦点にセミナーが進む。

自分の改善点がわかる情報提供型セミナーは、参加者の反応もおおむね良好である。終了後のアンケートには、「いい話だった」「大変満足」「価格以上の価値」等、賞賛が並ぶだろう。しかし、セミナー参加者との関係性は、これ以上深くなれない。参加者の個別の問題を解決してしまっては、肝心の高額商品や個別契約等、バックエンド商品の販売につながらないのだ。

顧客獲得型セミナーの場合、まったく違うアプローチになる。

あなたは決して参加者にカスタマイズした解決策を伝えてはならない。セミナーでは過去のクライアントの成功事例や失敗事例を中心に話を進めるようにするのだ。すると、参加者は「なるほど、これは画期的な方法だぞ。いいことを聞いた。しかし、私のビジネスに応用するにはどうしたらいいのだろう？」（成功例を聞いた場合）、あるいは「それはひどい、絶対にそうはなりたくない。そうならないために自分のビジネスでしてはいけないことって一体何なのだろう？」（失敗例を聞いた場合）と**自分にカスタマイズされた問題解決策を知りたくなり、高額商品や個別契約等のバックエンド商品が欲しくなる**のである。

そのような人に向けて、次にあなたから以下のような呼びかけをしてみてほしい。

ステップ⑥　問題点を参加者自らに認識させる

あなたが成功事例または失敗事例を話した後に、参加者一人ひとりに次のような質問を投げかけてみるのだ。

それは「この状態（[例]このまま能力があがらずに、顧客が年々30％ずつ離れて、年収もあがらない状態）が今後、半年間、1年間、あるいは3年後、5年後、10年後とこの先ずっと続いたら、あなたはどういう気がしますか？　いつまでもこの状態のままでいいと思いますか？」という質問である。

この問いに即答する参加者は少ないと思う。自分の未来をじっくり推敲するために大抵の参加者は押し黙るものだ。

ここであなたは、ついいつもの営業の癖で、「このままじゃ困りますよね？」「ぜひ、購入すべきですよね？」等、声をかけたくなるだろうが、ここは我慢して沈黙を守らなければならない。質問した相手の目を見ながら、無言を貫き、本当の感情を参加者自らの口で吐露するように表情だけで解答を促すのだ。すると沈黙に耐え切れなくなった参加者は、不快ならば「それは困りますね」、快感ならば「ぜひ、そうなりたいです」等の答えを口に出すはずだ。

この場面では、**本人に自分の問題点を認識させて、自らの口で語らせることが重要**なのである。ここまでくると、その後は「このままでは困る、変わらなければ」という焦燥感や「早く理想の状態を達成したい」という期待感から、解決策や具体案を求める意欲が高まり、バックエンド商品の購入を本気で検討し始めるようになる。そこで、参加者に次の質問を畳みかけてほしい。

ステップ⑦ 仮定の質問で自ら行動を起こしやすくする

「もし、実施するとするならば、いつから始めますか?」

あるいは、価格を2種類設定して、ひとつはあなたが本当に売りたい価格A、そして、もうひとつは「こんな価格で誰が購入するの?」というくらい高価な価格Bを提示し（もちろん、サービス等付加価値はつける）、**「もし購入するとしたらAとBのどちらを購入しますか?」**という仮定の質問をするのだ。

できればそのとき、あらかじめ仮契約書を用意して「本日は仮契約です。ですので、もし明日になってやはり必要はないということであれば、キャンセルしていただいて構いません」と仮契約書へのサインを求めるように誘ってみてほしい。

正式な契約書ではない仮の契約書ということで、セミナー参加者がサインする心理的障壁が著しく下がる。

さらには、その後、仮契約をキャンセルする確率も、いったん自分の口で変化を受け入れている手前、発生しにくくなる。それは人間には、自分が一度口にしたことを覆すことに心理的抵抗が生まれる「一貫性の法則」があるからである。

仮契約の「仮」とは、あくまで参加者の背中を押すためのフェイクであり、実際は正式な契約書とほとんど変わりないのだ（もちろん、キャンセルされた場合は、真摯に応じなければならない）。

仮契約書にサインを促す場合は、名著『私はどうして販売外交に成功したか』（ダイヤモンド社）のフランク・ベドガー氏がクロージングで使ったという「万年筆の法則」を使ってみてほしい。あなたは、参加者の将来を思う愛情ある包み込むような表情で彼らの目（あるいは全体）を見つめながら、高価な万年筆を差し出してサインを求めるのである。サインさせるコツとしては参加者が万年筆に手をやるまで差し出し続けるようにする。この場合、少々不自然なくらい長く差し出せば差し出すほど効果があるので、相手の手が動くまで粘ってみよう（この本はクロージングに役立つ。ぜひ読んでみてほしい）。

上記ステップを忠実に踏むことによって参加者の大半は仮契約書にサインをすることになるだろう。

ステップ⑧　迷っている参加者の背中を押す最後の質問

ただ当然ながらここまでのステップを踏んでも、仮契約書にサインしない慎重な人も一定の割合でいる。その場合は、最後にこの質問をしてみてほしい。

「わかりました、あなたから自発的に契約いただけないのであれば効果も期待できませんので、私も無理強いするつもりはありません。ただひとつだけ聞かせていただきたいのですが、あなたさまも先ほどおっしゃられたように、問題を克服する（あるいは理想を実現する）ために、この○○（高額商品または個別契約）は、欠かせないと認識しているはずですが、**それでも契約いただけない本当の理由は何なのでしょうか？**」

このようにあくまで参加者の将来を心配しているという前提のもと（いうまでもないが、この場面では必ずそのような心情でいなければならない。ここに少しでも嘘があるとその後のクロージングもうまくいかない）、断わりの本当の理由を尋ねてみるのだ。

すると、たとえばお金のことや、スケジュールのこと、あるいは、まだ自分には時期尚早である、難解すぎて購入しても使いこなせそうにない、正直、価値を感じられない等々、具体的な断わりの理由が出てくるから、その理由をひとつずつ潰していくようにする。

そのためにあなたは顧客から出るであろうと予想される商品や契約についての断わりの理由を前もって調べ上げておく必要があるのだ。

顧客が口にするであろうあらゆる断わりの理由をノートに記入して、その改善策も考えておくようにしよう。ただし、ここまでやってまだサインをしない人をこれ以上追いかけるのはやめたほうがいい。その場合は、「そうですか、了解いたしました。まだタイミングではなかったのかもしれません。その時期がきましたら、いつでもご用命ください。今後は○○についての大変役立つ情報を無料で定期的に送らせていただこうと思うのですが、よろしいでしょうか?」とあなたのメルマガあるいはニュースレターの送信の許可を得て、以後は定期的にフォローするようにする。

その代わり、**最後の最後に友人や知り合いの紹介を仰いでみるといい。**

「あなたさまのように○○で困っている方を支援することが、私の役割であり、やりがいなのですが、もしお知り合いで同じように○○に悩んでいる方がおられましたらぜひご紹介いただけないでしょうか?」

あなたがここまで自分のことを誠心誠意思いやってくれたのに、今回契約まで至らなくて悪かったという感情が少しでも働いた参加者は（必ず一定数いる）、この紹介依頼で積極的に該当する知り合いを紹介してくれるようになるはずだ。

ぜひ、この最後に紹介を促すことをクロージングにおけるあなたの習慣にしてほしい。

もちろん成約した人にも貪欲に紹介を促してみよう。

ステップ⑨ アンケートをラスト・セールスマンにする

セミナーを開催したら最後に必ずやってほしいことがある。それはアンケートだ。

ただし、普通のアンケートではあまり意味がない。顧客獲得型セミナーの場合、アンケートにもクロージングのための工夫を企てるようにするのだ。

私は、「アンケート」ではなく、**「セミナー振り返りシート」と命名し、セミナーの最後の時間をたっぷり使って、あたかもセミナーコンテンツの一部のように演出**している。

この「セミナー振り返りシート」の目的はふたつある。

ひとつは、もちろん参加者にバックエンド商品を購入してもらうこと。そして、もうひとつは今後行うセミナーの集客用に「お客さまの声」として活用することだ。

であるから「セミナー振り返りシート」には、参加者にマイナスなことを書いてもらう必要はないので、以下のような構成にするといいだろう。

セミナー振り返りシート

①今日のセミナーで一番よかった点は何ですか？　その理由をなるべく具体的にお書きください

②それをあなたのビジネスに活かすためにあなたが明日からできることは何ですか？　こちらも、できるだけ具体的にお書きください

③本日のセミナーを踏まえた上で新たに疑問に思った点、問題点等がありましたらお教えください。ご希望がございましたら個別にメール相談も承りますので【通常1回2万円のメール相談を本日のセミナー参加者は特別に無料】、その旨もお気軽にお書きください

④無料で役立つ最新情報（メルマガあるいはニュースレター）を定期的に配信していますのでご登録させていただきます。ぜひあなたのビジネスにご活用ください

あまりダラダラ質問項目があると参加者も答えを書くのが面倒になるので、質問は以上

の３点に絞るといいだろう（④は質問ではなくメルマガの登録の許可）。

振り返りシートの①を書いてもらうことで、セミナー参加者は最後によかった点だけを思い浮かべることになる。人間は、自分のやったことに後悔したくないという習性があるので、ここで十分にその欲求を満たしてあげてほしい。そして、「このセミナー振り返りシート」の答え（よかった点なので当然賞賛となるはず）を以後、あなたがセミナーを行うたびに集客用の告知文章として使用するのである（もちろん、サイト掲載の許可もこのとき、事前にとっておく）。

振り返りシートの②も重要だ。セミナーは「いいことを聞いた」で終わる人が大半なので、この作業（自分のビジネスに落とし込むワーク）を行うことにより、セミナーの理解がいっそう深まり、実際にやるべきことも明確になる。よってあなたのセミナーがより実践的で価値の高いものに感じられるようになるのだ。さらにここでセミナーを振り返ってもらって**「さて、具体的に自分は何をしていいのかわからないぞ」と気づいてもらう**ことで、彼らはバックエンド商品の購入をいっそう真剣に考えるようになるメリットもある。

振り返りシートの③を書いてもらうことによって、参加者の現在抱えている悩みや問題を詳細に知ることができる。ここでのポイントは後日、彼らの抱えた問題をピンポイントに解決する案がバックエンド商品の購入で得られることをあなたが伝える点にある。

やり方としては、ステップ⑤で公開したように、後日の返信メールで参加者と同じような問題を解決した過去の成功事例（よりカスタマイズしたもの）を教えるのだ。たとえ解決策を教えたとしても、成功事例の該当者と参加者との職種、業種、年齢、性別、個人のキャラクター、バックボーン等が違うので、どこかの部分で必ず齟齬が生じる。自分にジャストフィットした解決策は、バックエンド商品を購入することでしか得られないということを参加者に認識させるのである。

そして、ここでもっとも大切なのは、**振り返りシートを書いてきた人に対して、あなたが迅速に無料面談（相談）を設ける提案をする等、新たな接触機会を求める**ことである。場合によっては電話をかけてもいいだろう。セミナー講師の木戸さんの成功パターンを思い出してほしい。彼は電話フォローを充実させることで1回のセミナーで1000万円の収益を達成させたのだ（**セミナー集客が芳しくない人はぜひ電話フォローをしてみてほしい。集客率が確実にあがる**はずだ）。ここで申し込みのあった人は、すでに次のステップに進む決意をしている人ばかりなので、上記ステップを丁寧に繰り返すことによって高確率でバックエンド商品の契約を獲得することができるようになるだろう。

第Ⅱ部
行動編

第4章
ブランドをつくってスムーズに成功する！出版起業法

出版することでなぜ価格競争から解放されるのか

商業出版するということは、出版社にすべてのコスト（紙、印刷、製本といった制作費、管理費、著者への印税、取次や書店へのマージン等）を賄ってもらうことを意味する。読者から見ると、これはあなたがそれだけの投資をしてもらえる信頼と価値のある人物だという証明になる。同じメッセージを発信したとしても、受け止める側（読者）の意識が**「本を出すような専門家の意見なので貴重だ」**というマインドになっているので仕事の受注も優位に働くようになるのだ。

価格はその顕著な例といえよう。現在、多くの企業はライバルよりも1円でも安く販売しようとなりふり構わぬ値引き合戦を繰り広げている。多くの企業が低価格競争に参入して、消耗戦の挙句、体力を使い果たし、失速する中、あなたに著作があると、このような価格競争とは無縁になれる。**あなたの本を読んで問い合わせをしてきた人（読者）の心理はすでにお客になることが前提になっている**ので、ひと通りのサービスまたは商品等、あなたの提供するものの説明を受けて契約した後に「ところで御社のサービス（商品）はいくらなのですか？」と聞かれることも決して珍しくない。あなたがたった１冊本を出すことで、受け止め側（読者）に大きな意識の変化が生じるのである。

出版するメリットはこれだけにとどまらない。出版するということは、**全国の書店があなたのビジネスを一斉に広告してくれる**ことを意味する。

『１日で感動的に声がよくなる！　歌もうまくなる!!』（すばる舎／歌手の堀澤麻衣子さんとの共著）を出版したボイストレーナーの司拓也さんは、書籍が８万部のヒットになったことで運営するボイススクールに入会希望の生徒が殺到した。長期間教室に通ったり、意識しないとすぐに元の声に戻ってしまう他の多くのスクールと違い、「司先生のノウハウは１日で劇的に効果が出る」と生徒の間でも話題になる。本の影響でＮＨＫ、読売新聞等、多数のマスコミにも取り上げられますます繁盛。

共著者の堀澤さんはその資金をもとに渡米して、ホイットニー・ヒューストンのプロデューサーに声を見初められＣＤを制作。ＹＡＭＡＨＡからメジャー歌手デビューまで果たし、アマゾンＣＤ売上げ１位を獲得するほどになった。

現在、司さんは、声や歌にコンプレックスを持つ一般の方から、ビジネスパーソン、セミナー講師、弁護士、医師、教師、政治家等、幅広く指導し、多忙な日々を送っている。

ファイナンシャル・プランナー（ＦＰ）の篠崎ひろ美さんは２００６年、住宅ローンの専門家として起業したものの、住宅ローン専門家ＦＰという存在の認知がまったくなく、集客は紹介のみだった。２０１３年『一生お金に困らないために まずは年収の1割を貯めなさい！』（産業編集センター）を出版したところ、「今まで貯金なんてしたことがなかったのに半年で３００万円貯まった」等、読者の間で評判になり始める。

肩書きも本のテーマに合わせて「お金の使いグセ改善士」を名乗り、本業である住宅ローンの見直し（９００万円以上の減額見直しを多数サポート）とともに、お金の計算に弱い個人事業主や主婦に向けてセミナーや個人カウンセリングを実施し、多くの顧客を獲得できるようになった。

サラリーマンから起業した大極勝（おおなぎ）さんの例もお伝えしよう。大极さんは、大手アパレル会社で販売及び営業をしていた経験を活かして、２０１３年『商品よりも「あと味」を先に売りなさい』（日本実業出版社）を出版したところ、いきなりアパレル販売会社の研修や大手警備会社での講演等の依頼が入った。最初はサラリーマン兼副業コンサルタントとして活動していたが、すぐに兼任する時間がとれなくなりアパレル会社を退社。

現在、あと味を売ってリピートを増やす売上倍増コンサルタントとして、主に企業研修や講演の仕事を中心に全国各地で大活躍している。

電子書籍の事例もご紹介しておこう。「冷え取り専門リフレクソロジスト」のいいともみさんは、冷え性克服ノウハウを、彼女自身が体温をあげてモテ度や幸福度、年収までアップした体験とともに紹介した電子書籍『こうして私は遠赤ビューティーになった‼』を出版した。その後マスコミに電子書籍出版のパブリシティを流したところ、テレビ、ラジオ、新聞の取材が入った。特に全国放送のラジオに出演したときはオーディエンスからいいさんのリフレクソロジーへの申し込みが殺到する。東京や大阪（いいさんは長野県在住）から講演やセミナー依頼も受けて人生が一変したひとりだ。

正直、電子書籍は商業出版に比べると誰でも出版できる点で信頼性を構築できないというデメリットがあるので、私、吉江は積極的にすすめていないのだが、彼女のようにマスコミに取り上げられるとビジネスに好影響が及ぶ。またいいさんの場合、「遠赤ビューティーでモテ度や収入がアップ」というマスコミが興味を持って紹介しそうなテーマであったことも奏功したといえよう。**マスコミに取り上げられることをゴールにするのであれば、電子書籍出版も考慮に値する**という好例である。

ビジネスが加速するこれだけの要素

先のボイストレーナーの司さんのように、出版するとマスコミからの取材や、企業や業界団体等から講演の依頼が入るようになる（リフレクソロジストのいいさんのように自分から売り込んでもいい）。このような取材の依頼はできる限り積極的に受けるようにしよう。

特にマスコミからの紹介は、あなたの信頼度やブランドイメージを高めてくれる。それは第三者からの権威ある推薦と言い換えても差し支えない。その際、以下の2点に注意してほしい。

①雑誌や新聞の取材は、できるだけ顔写真を掲載してもらうように依頼し、最低でもホームページアドレス（ＵＲＬ）は必ず掲載してもらう

掲載後は自分のホームページのプロフィール等に必ず掲載記事をアップするようにしよう。マスコミに取り上げられた実績であなたの信頼性が高まり、専門性や権威が演出できるようになる。

②取材を受ける際は、必ず自分のビジネスに関係あるテーマのものを選択する

自分に関係のないテーマで取材されてもお客が獲得できないばかりか、あなたの本を読んで共感してくれた読者や既存の見込み客にも違和感を与えるおそれがある。いかに人気のある媒体に掲載されることになったとしても、自分の仕事に関係のないテーマであれば逆効果にしかならないので断る勇気も必要だ。

さらに出版すると出版社のパーティーや著者同士の集いに誘われる機会も増える。このような席には、各業界で影響力を持つ人々が多数集まるので、なるべく参加することをおすすめする。特に出版社のパーティーには、本を出していなければ出会えないような財界の実力者やスポーツ界、芸能界の著名人も多く、あなたの人脈構築やビジネス・オポチュニティー（仕事の機会）に大きく貢献する。

私は、出版社のパーティーで同じ時期に本を出した流通系企業や自動車会社の経営者と知り合い、後日、企業コンサルティングの依頼を受けたことがある。そのうちの1社とは、7年以上のおつき合いをさせていただき、いまだに経営者当人から仕事や人生観について薫陶を受けている。**著者同士の集いでは、主にコラボやジョイントビジネスの開催機会が増える。**自分にない才能やスキルのある著者と組めば、報酬とやりがいの両面から多大なプラス効果が期待できるだろう。

他にもあなたが商業出版することで、印税が入る、ホームページやブログのプロフィール欄や名刺に本の装丁を加えるだけで信頼性から問い合わせが増える、社員や取引先にあなたの仕事に対する取り組み姿勢やミッション、フィロソフィー（哲学）が伝わる、頭の中の暗黙知が形式知化されることで知識や情報が体系化される、読者からの熱いファンレターが届く（これは本当にうれしく励みになるもの）、親孝行になる、家族や友だちに自慢できる（笑）等、公私にわたりメリットが目白押しだ。

しかし、いきなり出版といわれても、まだ経験したことのない人はこう思うのではないだろうか。**「そもそも素人の私が出版なんてできるのだろうか？」**

その疑問は当然だろう。だが、ビジネス書や実用書に限っていえば、その心配は無用だ。出版不況といわれる今だからこそ、出版社はヒットを狙っており、いいテーマや斬新な切り口を持った新たな作家候補を積極的に探しているのである。現に私、吉江の主宰する「スーパービジネスマン養成講座」には、（私も含めて）まったくの素人から出版した例が優に１００人は下らない。これから公開する出版ノウハウを活用すれば、あなたにも十分に出版のチャンスがあるはずだ。

編集者をオトす５つの口説き方

商業出版を実現するには、あなたの実績や知識を出版企画書に落とし込んで、出版社に送ることがもっとも効果的だ。編集者を口説き落とす気持ちで、出版企画書をＡ４用紙１～２枚以内にまとめてＦＡＸまたはメールで担当者宛てに送るのである。

出版企画書に必要な要素

①タイトル
②目次
③プロフィール
④その本を書く理由（使命と理念）
⑤ターゲット読者層

口説き方① タイトルが刊行のカギを握る

出版企画書において本のタイトルは編集者の心証を大きく左右する力を持つ。

一般的には、インパクトがありキャッチーなもので、「あっ、これは私のための本だ」とパーソナルに読者へ訴えかけるもの、あるいは「これってどういうこと?」と意味が気になってつい手に取りたくなるようなものが好まれる傾向にある。

たとえば『会社にお金が残らない本当の理由』『人は見た目が９割』『ファーストクラスに乗る人のシンプルな習慣』『医者に殺されない47の心得』『嫌われる勇気』『学年ビリのギャルが１年で偏差値を40上げて慶應大学に現役合格した話』等は秀逸に思う。他にも**「～のルール」「～の教科書」「７つの～」「～勉強法」「夢をかなえる～」「ユダヤ人の～」「10倍～」「～の技術」「～の法則」**等、ベストセラーになった本のタイトルは人を動かす理由があるので、これらタイトルと組み合わせるのも一手である。

書店のベストセラーコーナーをくまなく回ったり、アマゾンのランキングを閲覧するなりして、あなたのテーマと関係があって売れている類書を探ってみてほしい。新聞の広告欄や電車の中づり広告、雑誌の見出しのタイトル、テレビのＣＭも、心理学や脳科学等を駆使して考え抜かれたキャッチコピーが採用されているので参考にしない手はない。

口説き方②　目次は映画の予告編

目次は映画の予告編という風に捉えるとわかりやすい。映画のハイライト部分が次から次に流れる予告編のように、編集者があなたの書いた目次を見て、「ぜひ、中身を読んでみたい」「このような作品を一緒につくりたい」と興味や好奇心を募らせるようなキャッチコピー風のものがつくれるとベストだ。

具体的な書き方としては、①はじめに（プロローグ）、②第1章～第6章くらい（それぞれ大見出し、小見出しも）、③おわりに（エピローグ）という構成で組み立てるのが一般的だ。自分が読んで感銘を受けた本の目次を参考にしてみると構成や論の展開の勉強にもなり一石二鳥である。

口説き方③ プロフィールはセールスレター

企画書で目次とともに大切なのが、著者プロフィールになる。

たとえば『1063人の収入を60日で41％アップさせた目標達成する技術』（フォレスト出版）の著者のマイケル・ボルダック氏のプロフィールに**「私が7歳のとき、父が母を殺しました。私の最初のクライアントは自分自身だったのです」**という衝撃的な体験が掲載されている。プロフィールにここまで壮絶な体験があるからこそ、読者もこの著者の本を読んでみたいという欲求が強まるのだ。

また誰もが客観的に知覚できる数字を入れるのも常道である。よく本のテーマと関係がないこと（関係のない学歴や経歴、出身地、趣味等）を長々書いている人を見かけるが、この部分は思い切ってカットしたほうがスッキリする。プロフィールには、本のテーマと関連があることだけを書こう。

口説き方④　使命とミッションが読み手の心を痛烈に捉える

出版企画書にあなたがこの本を書く理念と目的を明確に伝えることも重要になる。この部分にあなたの出版にかける純粋な思いと情熱が表れるからだ。

強い目的や理念のない人のことを真剣に考える人間がいないように、出版にも「私は○○のためにこの本を書いた」という明確な理由づけが必要になる。**エゴやお金儲けのことしか考えない人の本を出版したいと思う編集者などいない。**

「読者のためにこれが役立ちます」「私のこの経験を世の中に広めることで幸せを分かち合いたい（または問題を解決したい）」というあなたの強い信念や理念を編集者に訴えかけよう。ここが希薄だと薄っぺらな印象しか与えられずに、出版の実現が遠のいてしまう。

口説き方⑤　ターゲットを明確にして「この本は売れそうだ」と思わせる

ただし、どんなに立派な使命や理念があったとしても、その本のテーマに一定数のターゲットがいなければ出版が実現することはない。

商業出版を現実のものにするには、編集者に「この本は売れる」と思わせなければならないのだ。**一般的に出版の場合、売上げ目標の10倍以上のターゲットが必要とされる。**もちろん例外もあるが、売上げ目標が１万部ならば最低でも10万人以上、10万部ならば１００万人以上のターゲットが見込めなければ、刊行は難しくなるだろう。

経営者向けの経営指南本よりも営業マン向けのセールスノウハウ本、あるいはサラリーマンやＯＬを対象としたビジネススキル向上本のほうが企画として通りやすい傾向にある（ただし、マーケットを狙うあまりにあなたの仕事とテーマが離れると出版起業の意味がなくなるので気をつけてほしい）。

あなたの出版テーマに市場性は見込めるだろうか？　簡単に市場調査をする手段として、検索エンジンを利用する方法がある。あなたの書こうとするテーマをキーワード検索してみてほしい。検索数が多ければ多いほど好ましい。

またミリオンセラーで未来を予測することもできる。たとえば、かつてロバート・キヨサキ氏が『金持ち父さん、貧乏父さん』という本を書いて世界的ベストセラーとなった。

この本の大要は「お金持ちになる方法には①起業、副業②不動産や株式、金融投資③インターネットを始める等、複数の収入源を持つことが重要だ」というものである。本を読んだ読者は、今後「著者のロバート・キヨサキ氏がすすめていたものを実際に自分がやるにはどうしたらいいのだろう？」と個別に特化したテーマに関心が向くので、そのトレンドをいち早くつかみ、テーマをさらにわかりやすく解説した本が売れるという、「風が吹けば桶屋が儲かる」的な発想が有効なのだ。**最近のミリオンセラーの中にあなたのビジネステーマに関連するものはないかどうか検証してみよう。**

出版を果たした人が必ずやっているたったひとつのこと

出版企画書が完成したら、次は出版社へその企画書をＦＡＸまたはメールで送るのだが、その前にひとつだけやってほしいことがある。これをやるとやらないとでは出版企画の採用率に圧倒的な差が出るので必ず実践するようにしてほしい。

それは**出版社に電話をすることである。**電話といってもひるむことはない。**あなたは出版社に企画提案するのであって営業するわけではないのだ。**

出版社に電話をして「このような企画（原稿）があるのですが、ぜひ御社の担当の方に見ていただきたいのです。つきましてはどなたさまにお送りすればよろしいですか？」と尋ねてみて、このとき、一緒にＦＡＸ番号またはメールアドレスまで聞いてしまおう。

出版社の電話番号は、インターネットで調べればいい。またインターネットで出版社のホームページを見てみると、出版企画書を募集しているところもいくつか見受けられる。概要に従って出版企画書を送ってもいいが、その場合でも出版社に「御社の規定に従って応募しました」という確認電話を１本入れたほうが後々優位につながる。

たとえば、出版社からあなたが送った出版企画書に対するレスポンスがない場合でも、最初に担当者名を聞いていれば、後日、「○○さまに企画書をお送りしたのですが、届いていますでしょうか？」という確認の電話をすることができる。私のクライアントでも、出版社に確認の電話をしてから出版の話が一気に進んだというケースはことのほか多い。

出版はスタート。真の目的は顧客獲得にある

出版してビジネスを加速させる人がいる反面、１冊出しただけで何も起こらない人も多い。後者は出版することがゴールになってしまっているからだ。

出版はゴールではなく始まりであることを認識してほしい。特に初めての出版だと原稿執筆までに全精力を使い果たし、顧客獲得のための仕掛けがまるでできないことが多い。これでは出版する意味がなくなってしまう。

もちろん、大ベストセラーにでもなれば、多額の印税が入るし、マスコミからの取材も殺到するだろう。読者の総数も増えるのであなたのビジネスも繁盛するはずだ。しかし、残念ながら今は本が売れない時代なのである。夢を壊すようで申し訳ないが、ほとんどの本は初版を売り切るのがやっとだろう（これは計画立てて販促すれば何とかなる数字だ）。

私が提唱するブックブランドマーケティング（出版して読者の数パーセントを見込み客にする方法）の場合はそれで十分なのである。

たとえば初版の部数が５０００部だったとしよう。そのうちの1～5％の読者が顧客になってくれれば50～２５０人となる。いかがだろう？

当面の顧客としては、そのくらいの数が理想的でむしろそれ以上顧客が増えてもキャパシティオーバーなのではないだろうか（もちろん、もっと見込み客を集める方法もあるのであなたのビジネスに合わせてみてほしい）。

そのためにも必ずやらなければならないことが3つあるので、最後に伝えておこう。

ブックブランドマーケティングの3つの裏ワザ

①本に無料オファーを提案したチラシを入れる
②最後の1ページであなたのホームページの宣伝をする
③あとがきでオファー付きの感想募集を呼びかける

特に①が重要になる。

「この本をさらに効果的に使っていただくための無料動画セミナーDVD（CD、ダウンロード版、PDF等）をプレゼントします。今すぐ下記URLにアクセスしてお申し込みください（または今すぐFAXにてお申し込みください）」

あるいは「出版パーティーにご招待します」「1回分の○○（あなたの商品やサービス）

をプレゼントします」「電話コーチングが60分無料です」等、無料で読者に役立つプレゼントをするというオファー付きのチラシを本に挟んで（色は青、黄、ピンクがいい）、レスポンスしてもらって読者のメールアドレスを獲得するのだ。

本の内容に共感した読者が、このチラシを読めば高確率で登録（申し込み）をしてくれるだろう。チラシのオファーがよければ10～20％以上の登録も見込めるはずだ。

②も内容は同じで構わない。本の最後の１ページにオファー付きのプレゼントを用意して、読者にメールアドレスの登録を促すのだ。ただし、この場合、①の挿入チラシに比べると申し込み者は少なくなる。購入者全員が最後まで本を読まない（読めない）ためだ。その代わり、ここ（最後の１ページ）で登録してくれる人は、最後まであなたの本を読んでくれた（その上でプレゼントにまで応募してくれている）非常に熱心な読者なので、後日、大変密度の濃い（たとえば購入確率が高い等）見込み客になる可能性が高い。

そして意外に反応が高いのが③なのである。ただし、この場合、感想を求めるだけではダメだ。読者に感想を送ってもらうために必ず以下の一文を入れるようにしてほしい。

「最後までお読みいただきましてありがとうございます。今後の仕事で皆さまのご期待やご要望に応えられるように、本書をお読みいただいた率直な感想をぜひお聞かせください（あなたのランディングページのURLまたはメールアドレスを掲載）。ご感想をいただいた方には必ず直接のご返信をさせていただきます」（無料オファーも付けるとなおいい）。

この「著者からの直接の返信」という提案が、特に最後まで本を読んで共感を抱いてくれた読者の琴線に触れるものなのである。

私は過去に8冊の本を出したが、そのたびにこの3つのオファーを効果的に使い、約1万5000人の読者にメールマガジンへの登録をしてもらっている。

私のメルマガには本の読者以外にも、たとえばセミナーや講演会、あるいは動画プロモーションや有料広告等で集めたリストが5万件以上あるのだが、その後、メルマガでコンサルティングメニューや「スーパービジネスマン養成講座」の会員募集、セミナーや教材販売等の案内をしたときに率先して購入してくれるのはほとんどが本の読者である。

他のどんな媒体あるいは機会で集めたリストよりも、長期にわたり継続的な関係性を構築できる出版は、起業において最強の集客ツールであると断言できる。

第 II 部
行動編

第 5 章
継続的に安定収入を得られる!
会員制ビジネス起業法

会員制ビジネスのハードルは高くない

「会員制ビジネス」というと少々、始めるのに敷居が高い印象を受ける方もいるかもしれないが、決してそんなことはない。**すでに私たちの周りには無数の会員制ビジネスが存在している。**

たとえばレンタルビデオやスポーツクラブ、家電量販店、塾、クリニック、歯科医院、整体、マッサージ、美容院、理容院、クリーニング店、映画館、スーパー銭湯、カラオケボックス等々……これらは顧客を囲い込もうと数々の工夫をしている。

洋服のショップやレストラン、バー、カフェテリア、ホテル、毎日配達される新聞や定期購読している雑誌、また近年の健康志向からサプリメントや健康食品、美容関係の商品等、広義の意味で会員制の仕組みをとっているところは多い。

さらに、水道、ガス、電気等、毎月の公共料金や携帯電話やインターネットの通信費、クレジットカードでの買い物やスマホのアプリ、電子マネー等、毎月定期的に銀行口座から課金される項目は、思いのほか多岐にわたる。

突き詰めると、これらはすべて顧客を囲い込むという意味で会員制ビジネスの一種ともいえ、私たちは、子供の頃から何らかの会員制サービスを受けることに対して免疫ができている環境下にあるのだ。

あなたが顧客に対して価値のある商品やサービスを提供できるのであれば、一定数の会員を集めることは決して不可能なことではないのである。

会員制ビジネスのふたつのメリット

私、吉江も北野さんも会員制ビジネスの恩恵を大いに受けている。

私は「スーパービジネスマン養成講座」（ＳＢＭ）という６５０人以上の主にコンサルタント（コンサルタント予備軍）と経営者、営業マンを対象にしたマーケティング組織を12年以上運営し、北野さんは「コンサルタントラボラトリー」という５００人以上の主にコーチ、コンサルタント、カウンセラー、セラピスト、士業、セミナー講師等のエキスパートビジネスを対象にしたコミュニティを4年間主宰して、各々のビジネスの収益の柱となっている。

会員制ビジネスのメリットは次のふたつに集約されるだろう。

①安定性と継続性

②コミュニティの構築

それぞれ見ていこう。

メリット① 安定性と継続性

継続した収益が見込める会員制ビジネスを軌道に乗せることができれば、売上げのプレッシャーからも解放されて、その分、自分のコンテンツを磨いたり、商品力をアップさせる等、クオリティ面の充実に時間をかけることができる。それがダイレクトに顧客満足へ結びつき、既存の会員の口コミや紹介が増えて、会員離脱率も抑制できるようになるのだ（会員離脱率の抑制は、会員制ビジネスを成功させるための最大成功要因なので後ほどさらに詳しく述べる）。

また継続収入が見込めると、よりアクティブでドライブのかかったビジネスプランの構築ができるようになるのも会員制ビジネスの強みといえる。たとえば、新規会員入会のために毎月定期的に広告費を使うことができるようになる。この広告戦略による会員制ビジネスの構築を大まかにシミュレーションしてみよう。

仮に会費を１万円として最初に10人集めたら月に10万円の収入となる。

次の月は、このうち３万円を広告に使って、それにより新規の会員が10人入ってくれれば10万円（新規会員からの収益）＋７万円（既存会員からの収益ー広告費）で17万円となる。３カ月目にまたここから広告費を３万円使って10人入会すれば、10万円＋14万円（既存会員からの収益ー広告費）で24万円だ。

４か月目は少々、経済的に余裕が出たので広告費を倍の６万円にして会員も倍の20人が入会すれば20万円＋18万円（既存会員からの収益ー広告費）で38万円。

５カ月目も同じく６万円の広告費で20人増やして、20万円＋32万円（既存会員からの収益ー広告費）で52万円と、**毎月継続的な広告展開を重ねながら利益を上積みさせていくことが可能になる**のだ。

もちろん、広告なので、必ずしも計算通りにはいかないときもあるが、そんな場合でも、翌月に必ず会費という軍資金（安定収入）が入るため、小さなテストを繰り返して、儲けの出る広告媒体を見つけることで、リカバリーができる。

さらにこのような安定収入があると他のビジネスにも積極的に乗り出すことが可能になる。私も北野さんも本業のコンサルティングやコーチング以外の複数の仕事（出版、講演、広告、各プロジェクト、通販、メルマガ執筆等）ができるのは、毎月、定期的に会員制ビジネスの収益が入ることが大きい。

毎月の経済的な不安がなく、精神的な余裕もできるので、その分、ビジネスでもっとも重要な考える時間を確保することができ、良質なアイデアやひらめきも生まれやすくなる。するとますます仕事における基盤も安定し、自分に対する自信や確信が深められるようになり、よりいっそう強固で革新的なビジネス戦略の構築ができるという好サイクルに入れるようになるのだ。こうなると毎日の仕事や人生がとてもスムーズに回り始める。

会員制ビジネス起業とは、まさに**自分のやりたいことが自由にできる起業家と、経済的な安定が保証されるサラリーマンのいいところどりを可能にした理想的な起業法**なのである。

メリット②　コミュニティの構築

会員制ビジネスを行い、自分独自のコミュニティが形成できるというのもビジネスを進める上で大きな優位点になる。

現在、多くの消費者は、次から次に送られてくる大量の情報に大いに疲弊している。また一部の心ない人からの悪質なスパム等、迷惑メールやこれまた一部情報起業家の誇大を通り越した詐欺まがいの広告メールにもうんざりしている。

そのため自分の知り合い以外の情報には、迷惑メール対策を設定し、シャットアウトを決め込む人も多い。決して大げさでなく、あなたが、**自分のコミュニティをつくって、自ら仲間を募らなければ、将来は情報も自由に発信できなくなるという事態が訪れる公算**もゼロとはいえないのだ。

反対に人間は、会えば会うほどその人に親しみを持つようになる。あなたが価値のある提案さえできれば、多くの人々に受け入れてもらえるようになるのである。

これは各業界でいわれている「１対５の法則」からも証明されている。

既存顧客に再来店させるコストが１万円と仮定すると、新規顧客をひとり獲得するコストは、その５倍の５万円かかるのだ。通販業界では既存顧客の再購入にかかる費用１万円に対して新規顧客獲得費用は12万円かかるとまでいわれている。

もちろん、この数字は業界によってまちまちだろうが、新規顧客を獲得するよりも、既存客に再購入してもらうほうが断然敷居が低く、リピート率をあげることで売上げを安定的に確保することが可能になる。当然ながら、その中には、リピート客によるアップセルやダウンセル、またクロスセルも含まれる（既存客に高額や低額また関連商品を提案して販売する）。

つまり会員制ビジネスとは、一度仲間になってもらい、あなたがそんな同志である**会員に献身と誠意を示し続けることができれば、長期にわたって永続的に利益が拡張する収益構造を持ち合わせた大変魅力的なビジネスモデル**といえるのである。

コンテンツ提供型か、ツール提供型か

会員制ビジネスの種類は、冒頭で述べたように無数にあるが、私の「スーパービジネスマン養成講座」（ＳＢＭ）のような「コンテンツ提供型会員制ビジネスモデル」と、北野さんの「コンサルタントラボラトリー」のような「ツール提供型会員制ビジネスモデル」がスタンダードだろう。ひとつずつ見ていこう。

パターン①　コンテンツ提供型会員制ビジネスモデル

ＳＢＭの場合は、私が毎月、ビジネスで成功している起業家やビジネスマンに、彼らの持つノウハウやメソッド等を紹介してもらうインタビュー動画を撮影して会員に配信している。

会員専用のＭＬ（メーリングリスト）や時には直接メールやセミナー等で、会員が知りたいことや興味のあること、悩み事をリサーチしているので、テーマもほとんど外すことなく、動画を送ると「高額セミナー以上に価値がある」と喜ばれる。

また個人コンサルティングやセミナー、教材等を会員に対して優先的に告知して、価格も割り引く等、一般のクライアントよりも優遇することで特別感や愛着を感じてもらえるように工夫している。

さらに会員の中で商業出版が決定したり、セミナーを開催する場合は、全国５万５０００人の読者が登録しているメールマガジンで告知をしたり、ファースト会員以上（ＳＢＭの場合は会員ランクがＶＩＰ、松、竹、梅と４つあり、ファースト会員は松にあたる）の会員にはメールとスカイプ相談もつけて徹底フォローを心がけている。

このような**コンテンツを提供することで、会員のビジネス成功に向けて支援、協力するスタイルが「コンテンツ提供型会員制ビジネスモデル」**といい、古くからあるもっともオーソドックスなコミュニティモデルである。

広島で整体院を営む廿日出庸治（はつかでようじ）さんもコンテンツ提供型会員制ビジネスで成功をおさめているひとりだ。廿日出さんは整体師に特化した「治して繁盛塾」というコミュニティを整体師の肘井永晃（ひじいえいこう）さん、ＮＬＰトレーナーの加藤聖龍（せいりゅう）さん、ファイナンシャル・プランナーの伊藤剛知（たけとも）さんの４人で立ち上げ、**全国で約２００人の整体師の会員を集めて、半年で１２００万円以上の収入を得ている。**

集客（マーケティング＆セールス＝廿日出さん）から整体スキル（整体師＝肘井さん）、患者とのコミュニケーションノウハウ（ＮＬＰ＝加藤さん）、そして会計（ファイナンシャル・プランナー＝伊藤さん）に関する知識を、毎月１回ＤＶＤの郵送と各地でセミナーを開催するという形で提供している。形態としては、コンテンツ提供型会員制ビジネスモデルの典型だが、ユニークなのは４人のエキスパートが各々の得意分野を情報提供し合っている点にある。できないことは他人に任せて、自分の得意分野を会員にシェアすることで主宰者各々の持つポテンシャル以上のコンテンツ提供が可能になるのだ。廿日出さんの「治して繁盛塾」は会員たちが各地で口コミや紹介を起こし、新たな入会希望者が続々集まっている。

パターン② ツール提供型会員制ビジネスモデル

北野さんの「コンサルタントラボラトリー」でも毎月定期的にセミナーや交流会等があり、コンテンツ提供型ともいえるのだが、メインは「ＷＯＭマネージャー」というアフィリエイトシステムの提供になる。このように**システムやツールを提供することで会員のビジネスが向上するようにフォローするスタイルを「ツール提供型会員制ビジネスモデル」**という。

ＷＯＭマネージャーを簡単に説明すると、会員同士で紹介と口コミをシステマティックに起こすアフィリエイト管理プログラムのことで、これによりセミナーや講座の集客、教材販売、メルマガ読者獲得等、コミュニティ内の会員同士が協力、貢献し合い、成果を出している。**ツール提供型会員制ビジネスモデルのもっとも大きな優位性は、会員が一度システム（ツール）を使用するとその便益性からなかなか退会しない点**にある。

コンテンツ提供型だと、たとえば会員の個人レベルがアップする、あるいは反対に他の会員の成長についていけない、または単純にコミュニティに飽きる、日常のビジネスが忙しくてコンテンツを消化し切れなくなる等、いずれコミュニティを卒業する時期が訪れる。

一方、ツール提供型であれば、会員は脱会するとそのシステムを使用できなくなるというデメリットが生じるので、会員の継続性が保たれやすくなるのだ（会員を囲い込みやすい）。ツールは、アフィリエイトシステム以外にもメール配信システムやニュースレターやメルマガ発行代行システム、ホームページ管理システム、テンプレート提供、テレマーケティングや営業支援システム、また3カ月～1年間の期間限定のコンテンツ提供型ビジネス（高額塾等）でも代用可能である。

他にもツール提供型会員制ビジネスモデルの優位点として、会員のメリットが明確なので新規成約がしやすいのと、一度システム（ツール）をつくってしまえば、会員が継続する限り、永遠にコンテンツを提供し（つくり）続けなければならないコンテンツ提供型会員制ビジネスモデルに比べて手間がかからないという点も挙げられる。

ホームページ制作会社を経営するWさんも、ツール提供型会員制ビジネスの恩恵を受けている。彼は主に起業家を相手にホームページ制作を比較的安価な価格で請け負い、その後、月々のメンテナンス料金で収益を得ている。いったんサイトをつくってしまえばよほどのことがない限り（それこそ起業家が破産や倒産でもしない限り）、永続的に収益が発生する安定ビジネスモデルだ。

携帯電話会社が低料金で携帯端末機を売って、ここでは利益が出ないが、長期継続してもらうことによって月額通信費で収益をあげているのと同じビジネスモデルである。

さらにWさんにはツール提供型会員制ビジネスを目指す人がお手本とすべき点がある。彼はホームページ制作会社を経営しているが、自分でホームページをつくるわけではないのだ。ホームページデザイン会社と組んで、発注するという仕組みをつくっている。クライアントから見るとデザイン会社に直接依頼したほうがコストは安く済むのだが、マーケティングやセールスに詳しい（彼はITソフト会社のナンバーワン営業マンだった）Wさんがホームページデザイン会社をコントロールするほうが、収益性のあるホームページが得られるので結局、費用対効果も高くなるのだ。**Wさんは現在、10社以上のクライアントを持ち1000万円以上の年収を得ている。**

読書会やミニセミナーを会員制ビジネスに育てる方法

ただし、当然ながら、現時点では私や廿日出さんのようなコンテンツの提供や北野さんやWさんのようなツールを提供できない人もいるだろう。そんな場合でもできる会員制ビジネスモデルがあるのでご紹介しよう。**人の集まる場を提供する「イベント主宰型会員制ビジネスモデル」**である。

たとえば**セミナーや勉強会、交流会、朝会、ランチ会、ディナー会、SNSのオフ会等、あなたが主宰者となって人と人とをつなぐハブになる**のだ。この場合、人間同士のつながりに重きを置くので、巷でよく見かける老若男女誰彼かまわず参加を呼びかける集客方式はあまりおすすめできない。

イベント主宰型会員制ビジネスモデルの場合、参加者（会員）に「参加者同士の触れ合いが心地よく楽しい」「ここが私の居場所だ」と感じてもらえるからこそ、リピートや口コミも期待でき、コミュニティの関係性も上質なものに醸成される。よって、なるべく価値観の合う人々が出会えるように、テーマやコンセプトに一貫性を持たせたほうが集客しやすくなるのだ。

イベント主宰型会員制ビジネスモデルで特におすすめなのは、ビジネス書の著者やセミナー講師をゲストに招いて半日〜1日くらいのセミナーを主宰することと、同じく著者やセミナー講師に30〜60分くらいのミニセミナーを開催してもらう2時間くらいの交流会の主宰、それに毎月1冊の課題図書を決めて感想を述べ合う読書会の開催である。

これであれば現時点であなたにツールやコンテンツがなくても著者、セミナー講師または課題の本を調達できればいいので着手しやすいだろう。また会員（イベント参加者）のイベントに参加する目的も明確になるので集客もスムーズになるはずだ。「私はビジネス書の著者やセミナー講師に知り合いがいないので無理だ」と思う方がいるかもしれないが、その場合でも心配は無用だ。ビジネス書の著者やセミナー講師はインターネットで調べればいくらでも候補者が出てくる。特にビジネス書の著者は本を売りたがっているので、人の多く集まる場所に対しての敷居は思いのほか低いものである。

本来、お金を払わなければ出てもらえないような著名人であっても、あなたのイベントで本の販売やセミナー講師の主宰セミナー等の告知を条件に交渉（講師の希望を聞いてそれをかなえる）すれば交通費プラスアルファ程度でＯＫしてくれるケースも少なくない。主宰者の資質としては、ファシリテイター（司会進行）能力があればベストだが、現時点でなくても大丈夫だ。

この手のスキルは、回数を重ねれば要領もつかめて勝手に身についてくる。どうしても不安ならば、最初はできる人（司会者や元アナウンサー等）にファシリテイター役を依頼して、やり方を覚えるようにしよう。

こうしたイベントは回を重ねれば重ねるほど、参加者との信頼関係や親密度が深まっていき、周囲にも次第に認知されるようになっていく。リアルの場で参加者（会員）と顔を合わせる機会の多い**イベント主宰型会員制ビジネスの運営者には、濃い顧客リストが多く集まり、その数が増えるごとにインフルエンサーとしての影響力も増してくる**ようになる。

イベントにプレミアムがついてくれば、参加者に対する月会費（１０００〜５０００円くらい）やイベントによる収益、会場での物販あるいは売り場スペースの販売等、あなたのイベント主宰型会員制ビジネスに多くのキャッシュポイント（儲けの仕組み）が発生し始めるだろう。

しかし、最大のアドバンテージは、あなたがイベントを運営する主宰側に回れたことにある。**ビジネスでも博打でも、最大のメリットを得るのは胴元になること**だからだ。たとえあなたが誰もが知っている大企業に所属しているとしても、社長や主要な経営陣でもない限り、会員制ビジネスの主宰者であったほうがより多くの恩恵を受けやすいのだ。

神奈川県藤沢市でサロンを経営する米山倫子さんは、イベント主宰型会員制ビジネスを上手に運用しているひとりだ。米山さんは、月に1回、ビジネス書の著者やセミナー講師等のミニ講演会を含んだ「シンクロディナー会」を主宰している。毎回20～30名の参加者を集めて都内のおしゃれなレストランで開催する会で、当初は講師目当ての参加者が中心だったが、イベントを重ねるごとに主宰者である米山さんのファンが増え始めていく。

今では以前のディナー会で講師を務めたビジネス書の著者やその縁で参加した出版社の編集者も毎回のイベントに参加するようになった。彼らのコネクションを使って会員（ディナー会の参加者）で書籍を出版したい人のフォローをしたり、米山さん自身の20年以上のサロン経営の経験を活かして、集客を主とした経営指南等も行い、イベントは毎回好評を博している。

ピンポイントに絞って集客する効果的ツール

次に会員制ビジネスの集客法に話を移そう。会員制ビジネスの場合も他の起業法同様インターネットやセミナーを活用したり、リアルの場でクロージングをする（ツール提供型会員制ビジネスのWさんはホームページを必要とするだろう経営者の多く集まるセミナーに参加して集客している）等、集客法は多々あるが、重複しないように、ここでは、まだ本書で触れていないＦＡＸＤＭによる営業法をお伝えすることにする。

私も当初はこの方法を使って「スーパービジネスマン養成講座」の会員数増加に勢いをつけた。**ＦＡＸＤＭの利点は、明確に業種業態を分けて配信できる点にある。**

たとえばあなたが経営やマーケティングの会員制ビジネスを立ち上げるのならば、社長向けまたはマーケティングの責任者向けにＦＡＸを送ればいいし、業種業態を細分化して歯科医や整体、美容院、士業等、業種別の会員制ビジネスを目指す場合は、テーマに合致した業種だけにターゲットを絞ってＦＡＸＤＭを送るようにすればいい（ただしＦＡＸＤ

Ｍはコンテンツ提供型とツール提供型の会員制ビジネス向けになる。イベント主宰型会員制ビジネスの場合は、ＳＮＳやインターネットのほうがよりターゲットも集まりやすい）。

ＦＡＸＤＭを使えば無駄なクロージングをしなくて済むので効率的な集客が可能になるのだ。またＦＡＸＤＭの場合、ＤＭ（ダイレクトメール）やチラシ、あるいはメールと違って、先方にかなりの確率で目を通してもらえるという利点もある。

会員集客ノウハウとしては、よく健康食品や定期発行誌がやっているように最初の１回は無料または低額でサービスを提供するお試し型が一般的だろう。健康食品のＤＨＣややずやがテレビのＣＭ等で「今ならば無料」と謳ったり、教育会社のユーキャンや定期刊行物を提供するデアゴスティーニが最初の１回目は驚くほど安い価格で商品を提供して、価値や内容に満足した人に継続会員になってもらう仕組みである。

「営業電話は絶対にしません」「もちろん満足いただけなければすぐに退会可能です」と、相手の断わりの理由をあらかじめ潰して入会を促せば、ファーストコンタクトの敷居が低くなった分、入会率もあがるだろう。

ただし、私は、あなたが会員制ビジネスの長期運営を目指す場合、無料オファーはあまりおすすめしない。**会員制ビジネスの場合、離脱率を防ぐことに最大の成功要因がある**からだ。**無料で集めてしまうと、いざ課金の段階で退会してしまう人が圧倒的に増える。**これでは最初に苦労して見込み客を集めても意味をなさなくなる（広告費をドブに捨てるようなものだ）。

低価格にするか、商品やサービスを増やす等、価値を最大化させることに勝機を見出したほうが継続性の見込める会員を集めやすくなるだろう。ＦＡＸＤＭのセールスレターの書き方は本やインターネット情報を参考にしてほしいが、特に以下の3冊の本と、極めつけは「ＰＡＳＯＮＡの法則」が役立つのでご紹介しておこう。

『ザ・コピーライティング』ジョン・ケープルズ（ダイヤモンド社）
『究極のセールスレター』ダン・ケネディ（東洋経済新報社）
『全米ＮＯ．1のセールス・ライターが教える10倍売る人の文章術』ジョセフ・シュガーマン（フォレスト出版）

PASONAの法則

【P：Problem（問題点の明確化）】

「△△でお困りではございませんか?」「××で苦労されていませんか?」「□□は不便だ

と思いませんか？」等、お客が潜在的に困っていることや苦労していること、不便に感じていることを明確にして問題点を気づかせる。

【A：Agitation（問題を炙り出し、煽り立てる）】

「△△でイヤになってしまいますよね」「××なときは頭に来ちゃいますよね」等、問題を視覚的にイメージできるように描写し、煽（あお）り立てる。

【SO：Solution（解決策の提示と証拠）】

「そんな悩みも○○なら簡単に解決できます。その証拠に○○は□□で～」と自社が売っているモノやサービスが問題解決に役立つことを明記し、その証拠を示す。

【N：Narrow down（限定、緊急、絞り込み）】

「しかし、この商品は○○の事情で、数に限りがあります」と絞り込みをかける。いつでも購入できるものではない限定感をアピールし、緊急性を演出する。

【A：Action（行動）】

「今すぐ○○までご注文ください！」と次の行動を呼びかける。

強烈なクレーム客が熱烈なファンになる深層心理

ただし、他の媒体と違い、ＦＡＸＤＭの場合、ＦＡＸ送信先の紙を借用することになるので「クレームが多くなる」ことは覚悟しておいてほしい。

クレームが来ても、丁寧に謝罪して、その後、その相手には絶対にＦＡＸ送信しないように気を配れば大抵の場合、許してもらえるはずだ。

私は以前、自社開催の集客セミナーをＦＡＸＤＭで集めたとき、ひとりの士業の方から「勝手にＦＡＸを送るとはけしからん、しかるべきところに訴えてやる」という強烈なクレームを受けたが、丁寧にお詫びして、セミナー内容を話したところ、興味を持たれて、何と当日のセミナーに申し込んでくれたという経験がある（もちろん、すべてがこのようにうまくはいかない。ＦＡＸＤＭを実施する場合は自己責任の範囲でやっていただきたい）。

またクレームが来るというのは、それだけＦＡＸＤＭのセールスレターの内容にインパクトがある証拠ともいえよう。**起業する上でもっとも避けたいのは、発信しても誰からも**

何の返答もないことである。

以前、講演を拝聴したベストセラー作家の中谷彰宏さんは、「熱狂的なクレーマーやストーカーがひとりできるのは、その裏にその数十倍から数百倍以上のファンがいるということなのでむしろ歓迎すべきだ」とおっしゃっていて感銘を受けた。**起業するというのは、世の中に「これが自分の生き様だ」と己の価値を問いただすことでもある**のだから、リスクを恐れずに積極的な集客をするように心を強く持ってほしい。

ＦＡＸＤＭ業者はインターネットを検索すると多数出てくるので、少々価格が高くても実績のある（具体的な成功例を聞いてみるといい。業種によって強弱もあるのであなたの業種に近い成功例が多くあるＦＡＸＤＭ業者に依頼してほしい）業者を選ぶようにしよう。

以上、ここでは会員制ビジネスの集客法としてＦＡＸＤＭを取り上げたが、コンサルタント起業法で解説したインターネット集客法（主にメルマガによるプラットフォーム戦略）やセミナー起業法で解説したセミナー集客法も十分活用可能だ（反対に他の起業法をＦＡＸＤＭで集客することもできる）。自分がストレスなくできる一番適した営業法を選んでほしい。

また会員制ビジネスは、単体で行うよりも（イベント主宰型は単体でもＯＫだが）コンサルタント起業やコーチング起業、出版起業やセミナー起業等の組み合わせによってよりいっそうの相乗効果が働くものなので、ぜひ同時進行を考えてみることをおすすめする。

10％の継続率の差が天国と地獄を分ける

最後に会員制ビジネスの最大成功要因について伝えておこう。

それは、会員制ビジネス成功の方程式は「新規入会者－会員離脱者」であるということだ。このうち新規入会者は、ある程度、マーケティングによって計測できる。私たち主宰者が会員制ビジネスを運営する上でもっとも気にかけなければならないのは会員を減らさないことにほかならない。ビジネス勝者は、ライフタイムバリュー（ＬＴＶ＝顧客生涯価値）の重要性を骨の髄まで理解している。

ひとりの顧客（会員）が、あなたに使ってくれる価格によって、あなたの業績は大きく拡張もすれば反対にまるで効率が悪くもなるのだ。

たとえば、会員制ビジネスの毎月の平均継続率が90％（解除が10％）と80％（解除が20％）の場合を見てみよう。

一見、両者の間は、わずか10％の差にしか見えず、会員制ビジネスを運営するのにほとんど差はないと思いがちだが、事はそれほど単純ではない。二者の会員の離脱率をシミュレーションしてみよう。

仮に両者ともに１００人の会員がいるとすれば、１カ月後は継続率90％のほうが90人の会員が残るのに対し、継続率80％のほうは80人の会員となる。まだ１カ月後は両者の間にそれほどの差を感じない。

ところが、２カ月後の両者の違いは、81人と64人になり、３カ月後は73人と51人、４カ月後は66人と41人と極端に差が大きくなり……、**５カ月後には、継続率90％の会員制ビジネスは、まだ半分以上の60人が残っているのに対し、継続率80％の会員制ビジネスは何と当初の３分の１以下の33人になってしまう**のだ。

もちろん、新規会員募集も同時にするだろうから、ここまでドラスティックな状態にはならないかもしれないが、侮ることもできない。顧客の心理は常に流動的であるということを覚えておこう。新規会員を獲得するのは、既存の会員をフォローするよりも５〜12倍以上困難であるということを強く認識してほしい。

現時点で、まったく素性のわからない新規会員募集に力を入れるよりも、すでに会員になってくれている関係性のある人々に、より信頼や親密性を持ってもらえるように気を配るほうが賢明なのである。

「鏡の法則」を上手に活用する

会員離脱の抑制方法としては、頻繁に情報発信する、セミナーや交流会、個人コンサルティングやカウンセリング等、リアルの場で会う回数を増やす、直接電話をする、個人的にメールやＳＮＳ等でやりとりする等、会員フォローを欠かさないことがある。

さらに、テクニック的なことを挙げれば、人間はお金を遣うときに自分の行動を振り返ることが多い（このとき、退会を考える可能性が高い）ので、会費を毎月引き落としのカード決済か銀行引き落とし方式にする。定期的に商品やサービス等を無料進呈することで、サプライズを演出したり、会員限定の特別割引を提供して（一般と会員の間に差があればあるほどいい）お得感を感じてもらう。メルマガ、ブログ、フェイスブック等であなたのプラットフォームを構築して、そこで会員の商品やサービスを告知する機会を提供する。あるいはＳＮＳや掲示板、ＭＬ（メーリングリスト）を使って会員同士の交流を活発にする等が挙げられる。

特に人間は、自分のことに思いをかけてくれている人に対して反射的に好感を持つという「鏡の法則」があるので、前出のテクニックよりも、会員フォローを徹底するヒューマンな部分に力を入れる施策がことさら重要になる。人間的な触れ合いを多く持つことにより、あなたのコミュニティに対して、**「ここにいると何となくほっとする」「楽しい、元気になる、落ち着く、得をする、また来たい」等々、プラス感情を生む**ことで会員離脱を抑制できるのである。

まして既存の会員は、最初にあなたのことを信頼して会員になってくれたわけだから、後にも先にもあなたはその信用を裏切らないように心を尽くす義務があるのだ。

いかなるときも会員の状況を慮って、相手の現状や将来がよくなるように献身するよう心がけること。これはビジネス全般においての絶対法則だが、コミュニティの強化を信条とする会員制ビジネス起業の場合、ことさら頭に置いておかねばならない要点となる。

「未来を予測する最良の方法は、それを発明してしまうことである」

そして会員制ビジネスの場合、最後は会員のうちうちの評判がコミュニティの将来像を大きく左右することも覚えておいてほしい。

たとえば**会員にひとり成功者が出れば、会員同士の刺激にもなり、そんなライバル意識が各々のポテンシャルを大きく膨らませる働きをする。**

そして新規会員の入会を募集する際にも、そんな既存会員の成功事例は最大のセールスポイントになる。行列のできる飲食店を見てほしい。人間には盛況感の溢れるところに直観的に行きたくなる性質があるのだ。さらに、それら会員の成功事例があなたの会員制ビジネスの最良のコンテンツにもなる。

成功に至ったノウハウをインタビューしてそれを動画か音声で提供してもいいし、会員に自ら成功事例を報告してもらって優秀な人を表彰するのもいいだろう（ＳＢＭでは毎月のコンテンツとしてインタビュー動画を撮り、年末にもっとも活躍した会員を表彰している）。

こうした成功事例は、会員が増えれば増えるほど、多種多様なものが生まれ、その相乗効果でまた会員が増えるという会員制ビジネスとしてのスケールメリットも働き始める。ビジネスの黄金律である「与えたものが返ってくる」は「人を成功させた人が成功する」と言い換えることもできる。

今の私は正直、会員の成功に勝る喜びはない。決していい格好をしたいわけでなく、会員制ビジネスとは継続すればするほど会員との間に幾層もの心情が育まれて、絆も強化される。彼らが成功や成長したときの純粋な喜びが、まるで我が事のようにダイレクトに自分の幸福に結びつくという性質が間違いなくあるのだ。たとえると、ファミリーのようなものともいえるだろう。

この瞬間に、**「人は人に尽くしたり、貢献するためにこの世界に生まれてきた」**という人生の本質をも垣間見ることができる。**この喜びを一度でも味わうともう普通のビジネスでは物足りなくなる**のではないだろうか。これほどまでの仕事に対する情熱とやりがい、それに仲間同士の絆や結びつきを得られる感動は、実際に自分のコミュニティを発足させてみないとわからないものなので、ぜひ会員制ビジネスに挑戦してこの醍醐味を味わってもらいたい。

会員制ビジネスを成功させるには、**たとえ会員が現在、どんな状況にあろうとも、あなたが彼らの成功を後押しすることを絶対にあきらめずに、励まし、ねぎらい、ともに伴走するといった行動を主体的に起こし続けることだ。**

成功は行動することでしか生まれない。

ぜひとも、「出版はするもの、セミナーはやるもの、会員制ビジネスは主宰するもの」というマインドセットを自分自身に義務づけてほしい。ひるんではいけない。この世の中はやったもの勝ちなのである。

この章の最後に私の大好きなパーソナルコンピューターの父で教育者のアラン・ケイの言葉をあなたに贈ろう。

「未来を予測する最良の方法は、それを発明してしまうことである」

第Ⅱ部
行動編

第6章
専門分野なしでもスタートできる!
コーチング起業法

コーチングとコンサルティングは似て非なるもの

「コーチング起業法」、これは私、北野自身が実際にコーチとしてゼロ起業してきた経験があるので、非常に思い入れがあり、ぜひおすすめしたい起業法だ。コーチングというと、日本では「上司が部下をやる気にさせるスキル」とか「組織をマネジメントするための手法」という認識が強いと思うが、私は、コーチングは「クライアントの目標達成や夢実現をサポートする仕事」として位置づけている。

ここで、「コンサルタントとコーチングはどう違うの?」と疑問を持たれた方もいるだろう。それについてまずご説明しよう。

「コンサルティング」は、ある専門分野の知識を持ち、それを顧客に提供し、問題を解決していくものだ。一方、**「コーチング」を始めるにあたっては、専門分野を持つ必要はない。**質問や傾聴、アクナレッジメント（承認）等のスキルを使って、相手に考えさえ、気づきを与え、答えを引き出していくのだ。

「答えは相手の中にある」という前提に立つのがコーチングだから、極端な話、「私には何の専門分野もない。人に教えられるようなスキルは持っていない」という人がいたとしても、コーチングスキルさえ身につければ、それで、「コーチ」として仕事をすることが可能なのだ。

今、企業ではマネジメントや人材育成の分野でコーチングが導入されている。指示命令型のトップダウン的なマネジメントではなく、社員のやる気を引き出し、自主性を育てるマネジメントが求められている。コンサルティングの分野にも同じことがいえ、一方的に指示・命令するコンサルタントは敬遠され、クライアントのやる気を引き出し、自発的に行動させていく「コーチ型コンサルタント」が求められている。その意味ではコンサルタントもコーチングスキルを身につけることは大きなメリットがあり、大きな武器になるといっていいだろう。

では、そのコーチングスキルを身につける方法だが、一番簡単な方法としては「書籍」で学ぶ、という方法がある。ここでおすすめの書籍をいくつか紹介しておこう。

『コーチングマネジメント』伊藤守（ディスカヴァー・トゥエンティワン）

『この1冊ですべてわかる　コーチングの基本』コーチ・エィ著／鈴木義幸監修（日本実

業出版社）
『すべては「前向き質問」でうまくいく』マリリーG・アダムス（ディスカヴァー・トゥエンティワン）

コーチングスキルを身につける最大のメリット

コーチングスキルをより本格的に身につけたい人は、講座に通うことをおすすめしたい。期間が1年間のような本格的なコースもあれば、カルチャースクールや通信講座といった身近な場所で行われているもの、2日間集中とか1day講座のような短期集中講座が全国で開催されているので、インターネット等で検索して調べてみてほしい。講座を提供している会社をいくつか挙げておこう。

株式会社コーチ・エィ

前身は、日本にコーチングプログラムを米国から初めて導入した株式会社コーチ・トゥエンティワン。株式会社コーチ・トゥエンティワンは日本のコーチングの草分け的存在であり、ＣＴＰ（コーチ・トレーニング・プログラム）という体系化されたプログラムを提供している。私も２００５年10月にこのＣＴＰでコーチングの基礎を学び、ある時期は講師（クラスコーチ）として講義を受け持っていた。電話会議システムでの受講のため、時間と場所を選ばずに受講できるのは大きなメリットだ。

CTIジャパン

株式会社コーチ・トゥエンティワンと並ぶ老舗のコーチプログラム提供会社。基礎・応用・上級コースから成る。基礎・応用コースは対面のワークショップ形式で行われ、上級コースは電話や電話会議によって行われる。

銀座コーチングスクール

クラスＡ（基礎スキル編）・クラスＢ（ストラクチャー編）・クラスＣ（セッション戦略編）・クラスＤ（プロスタート編）までの４つのコースがある。フランチャイズ型で全国展開しており、地方でも対面・集合研修型で受講できることが強みだ。

株式会社チームフロー

日本のトップコーチ、平本あきおさんが率いる会社で「プロコーチ養成プログラム」を提供している。6カ月間310時間にわたる濃密なプログラムだ。私は、2010年11月に第3期生として受講した。平本さんから直接コーチングを受けていた時期もある。

一般社団法人日本マーケティングコーチ協会

私が代表理事を務め、株式会社リッツコンサルティングの井口晃さんと共に主宰する一般社団法人。「マーケティングコーチ養成講座」を提供している。「マーケティングに強い、稼げるコーチを育成する。1000名のマーケティングコーチを育成し、それぞれのコーチが100名のクライアントにコーチングをすることで10万人に影響を与える！」をテーマとする。独立・起業を視野に入れた「稼げるプロコーチの育成」に徹底的にこだわっている。

それぞれに特徴、強みがあるので、興味がある方はサイトを比較したり、説明会に出向くなどして検討してみてほしい。**コーチングスキル自体は、部下の育成や対人関係、親子関係、恋愛、セールス等、あらゆる場面で使える。**身につけておいて損のないスキルだ。

私もコーチングスキルを身につけたことで部下との関係が大幅に改善されたし、人間関係の構築にも大いに役立っている。また、セールスのスキルもコーチングスキルの習得によって大幅にアップした。

そして、コーチング起業法をおすすめしたい点、それは、ゼロ起業全般にいえることであるが、「人の役に立てること」「人がやる気を出し、目標に向かって動き出す姿を見ることができること」「人がプラスの変化を起こしていく姿に立ち会えること」。これは本当に大きな魅力だ。

やりがい、充実感、貢献できている喜び……これらを満たしてくれて、さらにフィー（コーチング料金）までいただける。

私はコーチングを始めたとき、「こんな仕事が世の中にあったのか！　まさに天職だ！」と思ったものだ。ぜひ、あなたにも私と同じ思いを味わってほしいと思う。

配膳会社の派遣社員から月収50万円のコーチになった女性

コーチング起業法を実践した佐藤とみさんの話をご紹介しよう。

佐藤さんは、当時、配膳会社の派遣社員として働いていた。配膳会社の派遣社員というのは結婚式やパーティーなどで食事や飲み物をサーブする仕事である。決して給与が高いわけではなく、立ち仕事でかなりハードな業務。

その頃の佐藤さんは自分に自信が持てず、「何をやってもうまくいかない。自分にはお金もないし、時間もない。やりたいことも見つからない。今の仕事もこの先ずっと続けていくものではない」と考え、後ろ向きで未来に希望が持てない生活を送っていた。

「何とか自分を変えたい！」そう思った佐藤さんは友人のすすめもあって、あるセミナーに参加することにした。それがコーチングのセミナーだったのだ。そこで彼女はインスピレーションを得て、自分自身にコーチをつけることにした。そのコーチとのセッションの中で彼女は大きな気づきを得た。

「自分は今まで、できないことばかりに焦点を当てていた。もっと自信を持って、自分の価値観に忠実に自分らしく生きていきたい」

佐藤さんにとってその気づきのインパクトは大きく、まさに思考、そして、人生が変わった瞬間だった。

彼女は、そんな変化を自分に起こしてくれたコーチングを、自らも仕事にしていきたいと思うようになり、一般社団法人日本マーケティングコーチ協会の「マーケティングコーチ養成講座」に参加してプロコーチを目指すことになる。

佐藤さんは、「意識の高いビジネスマンや経営者のコーチングをやってみたい」と考え、そうした人と出会うために、異業種交流会や自己啓発、マーケティングのセミナーに積極的に参加するようにした。そこで出会った人たちをコーチングのクライアントにしようと考えたのだ。

彼女のクライアント獲得法はユニークだ。**「コーチングといわずにコーチングのクライアントを獲得する」**というものだ。

異業種交流会等で名刺交換をしたときに、佐藤さんは自己紹介をしながら「今、どんなことに悩んでいますか？　課題は？　達成したい目標は？」といったことをさり気なく質問していく。会話の中で自然とコーチングをやっていくのだ。

そうすると会話が終わる頃には相手が、「佐藤さんと話をして、頭の中がスッキリした。やることが明確になった気がする」という状態になっているのだ。そこで彼女は、「実は、今、私が行ったのがコーチングといわれるものなんですよ」といって、そこから初めてコーチングの話をしていく。要するに、営業する前に、先にコーチングをしてよさを体感してもらうというわけだ。

この方法で、彼女は、ある異業種交流会で初めてのクライアントを獲得することができた。製造メーカーの社長とのコーチング契約が決まったのだ。コーチング料金は1回1万円。決して高額ではなかったが、初めてのクライアントということで、全力でコーチングを行い、その結果、社長の彼女への信頼が高まり、「私だけでなく、社員にもコーチングをしてほしい」という話へ発展し、さらに仕事が広がっていったのだ。

こうしたひとつの実績、成功体験がゼロ起業には重要だ。その実績を掲げて次のクライアント獲得につなげていけるからだ。

佐藤さんはこの経験の中で、「業績アップや社員のマネジメント、モチベーションアップ、後継者育成に悩んでいる中小企業の社長の力になりたい。自分は〝中小企業の社長専門のエグゼクティブコーチ〟でいこう」というコーチング起業の方向性が決まった。

その後、彼女は、配膳会社の派遣スタッフの仕事は辞めて、コーチングを本業にして起業を果たした。クライアント獲得は紹介が中心だ。

現在は、５社と契約を結び、社長へのコーチングを中心にビジネスを行っている。月収は50万円を超えた。

「今後は、企業研修にも力を入れていきたいですね。とにかく、中小企業の社長が元気になれば、日本も元気になると思っています」

自分自身がコーチングを受けることで大きな変化が起こり、そんな変化を多くの人たちに起こしていきたい。そうしたきっかけから始まった佐藤さんのコーチング起業。クライアントの社長に結果を出してもらい、そこから社員のコーチングや研修へと広げていく。そして、紹介の輪をさらに広げる。佐藤さんのコーチング起業法はあなたの起業のよき参考になるに違いない。

競合が増えてきた中での独自化ポイント

コーチング起業法で成功するためのポイントを紹介しよう。まず、そのひとつは「専門性を持つ」というものだ。「えっ？　コーチングスキルを身につければ、専門知識は必要がない、といっていたのでは？」と思う人もいるかもしれない。もちろん、その通りで、コーチングスキルがあれば、コーチングができ、フィーをいただくことは可能だ。

ただ、最近ではコーチ業を仕事とする人（プロコーチ）も増えてきており、競合が増えてきている状況だ。そうなると「独自化」が必要になってくる。**その独自化の最たるものが「専門性」である。**専門知識、専門分野があるほうがビジネス的に有利になることはおわかりいただけるだろう。

私が主宰する「マーケティングコーチ養成講座」は、「マーケティングが強いコーチ」「マーケティング分野のコーチングができるコーチ」であり、マーケティングという「専門性」「強み」を持っているコーチを養成している。同様に、セールスをテーマにしたコーチングを行う「セールスコーチ」、飲食店オーナーの売上げアップを得意とする「飲食業界売上げアップコーチ」、２代目若手経営者を専門にコーチングを行う「２代目社長コーチ」等々。先に紹介した佐藤さんも、「中小企業の社長専門のエグゼクティブコーチ」という専門性を持って活動した例だ。

また、そうしたビジネス系のコーチングだけでなく、恋愛をうまくいかせる「恋愛コーチング」や「婚活コーチング」、子育て世代のお母さんを対象にした「子育てコーチング」等、「専門性」はかなり幅広い分野で探していくことができる。

要するに、**「何らかの専門性」×「コーチング」という掛け算によって、コーチとしての特徴が際立ってくる**というわけだ。

さて、その専門性の発見の仕方だが、まずは本書の第1章で紹介している「ファイブ・フォーカス」にぜひ取り組んでほしい。ここで見つかった「強みと売り」が、あなたの専門性になる可能性が高い。コーチング起業法を成功させるための最重要ポイントでもあるので、ぜひ、手を抜かずに取り組んでもらいたい。

専門性を発見するヒント

専門性を見つけるための切り口のヒントをここで紹介しておこう。

①業界
②職種
③階層
④地域
⑤手法・ノウハウ
⑥ジャンル

まず、**①の「業界」。**これはわかりやすいだろう。「飲食業界」「自動車業界」「美容業界」「歯科業界」「建設業界」といった風に、業界に特化してコーチングの専門性を決めていく、というものだ。あなたが現在、仕事をしている業界であれば、あなたはその道のプロであろうし、知識も多いだろう。また、注目の「狙い目業界」というものもあるかもしれない。

次に、②の**「職種」**。これは、「営業マン専門の」とか「研究開発担当者専門の」「歯科衛生士専門の」「ネイリスト専門の」と職種に専門性を持たせるというものだ（一部、業界と被ることになるが）。

③の**「階層」**。これは、佐藤さんのような「社長向けの」といったコーチングがわかりやすいと思う。他にも「新入社員向けの」「3～5年目社員向けの」「新人マネージャー向けの」「中間管理職向けの」「店長向けの」と階層別で専門性を持たせるというものだ。

④の**「地域別」**。これはエリアに専門性を持たせるものだ。「東京専門の」「四国専門の」「東南アジア専門の」「シンガポール進出専門の」とエリアに特化していく。地域限定ビジネスには有効だろう。

⑤の**「手法・ノウハウ」**。これは、たとえば営業であれば、「アポ取り専門の」「新規開拓専門の」「クロージング専門の」「リピート営業専門の」といった手法やノウハウで分けるというものだ。マーケティングであれば、「SEO対策専門の」「アドワーズ広告専門の」「フェイスブック専門の」「スマートフォン集客専門の」「ブログ集客専門の」「メルマガ専門の」「動画マーケティング専門の」というような切り口が思いつくだろう。

最後に⑥の**「ジャンル」**。これは「資金繰り」「子育て」「恋愛」「起業」「モチベーション」「出版」といった切り口で専門性を持たせるものだ。

6つのそれぞれが明確な境界を持っているわけではないが、専門性を考える上でのヒントになるだろう。さらに**この6つの切り口の掛け合わせも考えられる。**たとえば「業界」と「階層」を掛け合わせて、「飲食店業界の店長専門の」とか、「美容業界のオーナー専門の」といった切り口をつくっていくのだ。このようにして専門性をつくっていけば、競合が少ない、独自の「新機軸」を打ち出せるコーチング起業が可能になるはずだ。

専門性の成功例①
建築会社・建築設計事務所専門のコーチ

では、ユニークな専門性を見つけたコーチング起業法での成功事例を紹介しよう。

大日方（おびなた）宏行さんの事例だ。大日方さんは、建築会社に勤務し、その後、大手のインテリア・雑貨販売のチェーン店本部に転職をした。本部では新店舗の立ち上げや従来店舗の改修手配を担当しており、外部の建築会社や建築設計事務所、工事会社に発注する業務を行っていた。

大日方さんはずいぶん以前から独立・起業を考えており、かねてから興味があり、勉強を続けていた「コーチング」で独立することを決めた。

ただ、何か専門性があったほうが有利だと考え、自分の専門性を探っていった。そこで出た答えは、「自分はもともと建築会社の出身で、現在は、建築会社や建築設計事務所、工事業者に発注している立場である。両方の気持ちや状況がわかるのが自分の強みであり、専門性につながるのではないか？」。

そこで大日方さんは「建築会社・建築設計事務所専門の集客＆受注獲得コーチ」として活動をすることに決めた。建築業界出身なので、建築会社・建築設計事務所には広く人脈があり、仕事関係でも多くの建築会社や内装会社、施工会社とつながりがあった。

それまでの人脈を活かし、さらには業界セミナーや勉強会にも積極的に参加。「建築会社・建築設計事務所専門の集客＆受注獲得コーチ」という肩書きを名刺に入れて自己紹介すると、**「建築業界専門のコーチですか？　珍しいですね。どんな仕事をされているのですか？」**と多くの人が興味を持ってくれたという。

そうした活動を続けていく中で、１社、また１社とコーチング契約がとれるようになってきた。「単に、私が持っている知識やノウハウを伝えるだけのコンサルタントではなく、コーチングでその建築会社や建築設計事務所が持っている強みや特長を引き出し、建築や設計の受注がとれるような指導をしています」とのこと。やはり、「専門性＋コーチング」は大きな強みになりそうだ。

専門性の成功例②　自動車業界専門・カスタマーサポートコーチ

大村直樹さんも、ユニークな、おそらく、日本で唯一のある専門性を持ったコーチとして活躍している。大村さんは大手自動車メーカーで、海外部門の営業・部品・サービスの各領域を経験し、特に最後の数年はカスタマーサポート部門でキャリアを磨いた。

海外法人および販売店の部品部門の総合コンサルティングの経験や東南アジア・中近東・中国へのＣＳ強化プロジェクトリーダーを務め、カスタマーサポート指導の経験もある。そして、２０１２年３月に会社を辞め、起業に備えることになる。「ある程度の貯金もあるし、退職金もある。妻も働いている。１年かけて起業のネタを見つければいい」

そして、１年間、さまざまな起業塾に参加したり、ネットビジネスにも挑戦したが、情熱が傾けられて、自分にぴったり合うビジネスに出会うことはなかった。そんな中、偶然、コーチングに出会い、学び始め、「コーチングを活かしたビジネスをやっていきたい」と考えるようになった。

起業塾での学びの中で、専門性を持つことの重要性を実感していた大村さんは**「自分の専門性は何か？　強みは何か？　情熱を持てるものは何か？」**を自問自答していく。そして出た結論は、「やはり自分がもっとも経験があり、自信のある、自動車業界のカスタマーサポートの分野で勝負したい」ということだった。

そこからは肩書きを「自動車業界専門・カスタマーサポートコーチ」とし、ブログやフェイスブックでも積極的に情報発信を始めた。異業種交流会でも、はっきりと「自動車業界専門・カスターサポートコーチの大村です」と名乗るようになった。

こうした**専門性を打ち出した地道な情報発信をしていると、必ずそこにチャンスが引き寄せられてくるものだ。**大村さんが所属しているコンサルタント専門の会員制コミュニティの中で、あるコンサルタントが某大手外資系自動車メーカーの販売店支援・カスタマーサポートができる人物を探しているという話になったのだ。これはまさに大村さんにうってつけの仕事であった。

大村さんは、もともとの自分自身の強みであり、プロフェッショナルであったカスタマーサポートとコーチングのスキルを組み合わせることで、この大手外資系自動車メーカーの仕事を獲得することができたのだ。２０１３年１月、大村さんは、外部コンサルタントとして年間契約を結び、「自動車メーカーから派遣されたコンサルタント」として全国の販売店を飛び回っている。

「起業を考えたとき、自分の強みやキャリアを活かすより、好きなことや楽しいこと、新しいことを求めてしまいがちでした。ですが、自分のそれまでの経験や知識を活かさない手はないですよね。**灯台もと暗し、起業のネタは自分の中にある**んです。

また、〝自動車販売店のカスタマーサポート強化コーチ〟というのはニッチすぎるかな、とも思ったのですが、ニッチな分だけ、訴求力が強いですよね」

今、大村さんのもとには、「引き寄せの法則」さながらに、自動車関連業界からの仕事の依頼が続々と来ており、その中には非常に魅力的なオファーもあるという。会社を辞めて2年。自分の強みを専門性にして、コーチングを掛け合わせることで大村さんのゼロ起業は好循環の歯車で回り始めた。

絞り込むことでプロフェッショナル感が滲み出る

コーチング起業法の成功ポイントのふたつ目は「絞り込む」ということだ。これは成功ポイントのひとつ目の「専門性」とも大いに関係があるのだが、「誰でもクライアントにするコーチ」よりも、たとえば、佐藤さんのように「中小企業の社長専門」といったコーチのほうが信頼感が出ると思わないだろうか。また、「何でもできるコーチ」というよりも、大日方さんのように「建築会社・建築設計事務所専門」、大村さんのように「自動車業界のカスタマーサポート専門」といったほうがプロフェッショナル感が出るのではないだろうか。

ビジネスをスタートさせる場合、できる限り間口を広げて、できる限り多くの人がクライアント対象になるようにしがちなのだが、これは大きな間違いだ。「誰でも・何でも」では、逆に埋没してしまい、まったく目立たない、魅力のないものになってしまうのだ。

「絞り込めば絞り込むほど顧客が増え、たくさんの見込み客が反応してくる」。これがマーケティングの鉄則だ。

マーケティングの黄金則で「ニッチ・イン・リッチ」という言葉がある。「ニッチ（狭い分野）に絞り込めば絞り込むほど、売上げは大きく（リッチ）になる」という意味合いで、大きなマーケットを狙うよりも、小さなマーケットの中で高いシェアをとったほうが収益があがる、という意味でもある。狭い分野でもいいので、その分野でナンバーワンになれば、クライアントはどんどん獲得しやすくなり、どんどんあなたにクライアントが集中していくのだ。

ゼロ起業は、何百人も何千人も相手にしていくビジネスではない。コストをかけず、ひとりで気軽に立ち上げられるので、最初はほんの数名のクライアントから始めてＯＫだし、十数名のクライアントがいれば、十分に成り立つビジネスだ。であるならば広い層をターゲットにせず、絞り込むことが何よりも大切なのだ。

私のビジネスの原点となった2000円のファーストキャッシュ

コーチング起業法でのクライアント獲得はどうすればいいか。ここでは**無料コーチングから有料コーチングに切り替えて、有料クライアントになってもらう方法**をお伝えしたい。

かなり一般的になってきたとはいえ、まだまだコーチングを体験したことがある人は少ない。知らないもの・体験したことがないものを売るのは、難しいものだ。だから、コーチング起業法に関してはまずは「無料」という形で体験してもらうのが一番早い。そこでコーチングのよさを実感してもらうのだ。そこから有料コーチングにつなげ、クライアントになってもらうというのが、コーチング起業法のクライアント獲得の王道となる。先にご紹介した佐藤さんの例も、この「無料コーチング↓有料コーチング」の方法に近いかもしれない。

ここからは、私の話を例に説明しよう。私は２００５年10月より、前述のコーチ・トゥエンティワン（現コーチ・エィ）でコーチングの勉強を始めた。コーチングを学び始めてすぐに、知人のエステサロンの女性オーナーＯさんに連絡をとった。彼女は以前から、「スタッフがなかなかやる気になってくれなくて困るのよ。何かいい方法はないかしら？」と私に悩みを話してくれていた。彼女のことを思い出し、「Ｏさんにはコーチングがきっと役に立つ！」と感じたのだ。

ただ、コーチングのことを知らない彼女に、いきなりコーチングの話を切り出しても難しいと感じた私は、こんな風にアプローチした。

「ねぇ、Ｏさんは、以前、『スタッフがやる気になってくれない』と悩んでいたよね？

実はいい方法があって、Ｏさんの役に立てそうなんだけど、話を聞いてみない？」

　当然、自分が抱えている悩みの解決につながる提案なので彼女は「ぜひ、話を聞きたい！」となり、簡単にアポイントをとることに成功した。そこでＯさんと会った私は、コーチングとはひと言もいわずに、自然な形でコーチングをＯさんに試みた。といっても、**まだ勉強し始めたばかりでコーチングスキルを身につけていない私は、とにかく話を「聞く」ことに徹した。**そして、「スタッフはＯさんのことをどんな風に思っているんでしょうね？」とか「過去、どんなときにスタッフがやる気になったんですか？」といった質問を投げかけていった。

　ひと通り話をしたＯさんは、「話を聞いてもらえてすごくすっきりした。話しているうちに、スタッフに問題があるというよりも、私自身に問題があるような気がしてきたわ」と語ったのだ。

　Ｏさんは自身が優秀なエステティシャンであるあまり、スタッフと自分を比べて物足りなさを感じていた。スタッフを信用せず、任せていなかった自分に徐々に気づき始めたのだ。

「Ｏさん、実は、今、私がやったのがコーチングなんですよ。半年間続けていけば、Ｏさん自身に変化が起こり、サロンの雰囲気も変わり、スタッフもやる気になってくると思う。どうだろう。私のコーチングを受けてみませんか？」

こうして、Ｏさんは私のコーチングの最初のクライアントになった。セッション料は１回２０００円。月2回で４０００円だったが、とにかくこれが私のコーチング、そしてゼロ起業の第一歩であった。コーチングを学び始めてまだ1週間もたっていない頃の話だ。

「無料コーチング→有料コーチング」で顧客をつくる話法

私の体験談からもわかるように、**あなたのクライアントは、コーチングを受けたいわけではない。悩みや課題を解決したり、目標や夢を実現したいのだ。**そのためにコーチングが有効だと思ったとき、相手はあなたのクライアントになり、あなたのコーチングを受けることになる。

だから、無料コーチングの際は、最初に相手が抱えている悩みや問題・課題、あるいは実現・達成したい目標や夢を聞き出すのだ。そして、「コーチングを受けることで、それが解決する、あるいは実現する」と思ってもらうことが肝心なのだ。それができれば自然と、スムーズに有料クライアントに移行してくれる。

具体的にはこんな質問からスタートするのが効果的だ。

「もし仮に、私のコーチングを受けるとしたら、どんなテーマで行いたいですか？（どんな課題を解決したいですか？　何を達成したいですか？）」

そして、こんな質問を続けてみよう。

「私のコーチングを受けたとして、3カ月後（あるいは半年後）、どんな風になっていれば理想的ですか？」

「その状態になったとして、さらに半年後、どんな風になっていれば最高ですか？」

そんな風にして、どんどん課題が解決して目標が達成されている状態をイメージしてもらうのだ。そして、最後にこう締めよう。

「私のコーチングを受けてもらえば、そんな状態になることが可能になります。一緒に課題を解決し、目標を達成しましょう。ぜひ、コーチングであなたをサポートさせてください！」

最後はあなたの情熱がクライアントを動かすのだ。

第 II 部
行動編

第 7 章
他人の知識を商品にする!
プロデュース起業法

スピーディに大きく稼ぎたい人向き

「プロデュース起業法」は、他の6つの起業法と大きく異なる点がある。「知識差ビジネス」という点では同じなのだが、他の起業法が「自分の知識」を商品にするのと異なり、プロデュース起業法は「他人の知識」を使ってビジネスを行うからだ。

TRFやGLOBE、安室奈美恵に「小室哲哉」がいたように、モーニング娘。に「つんく」がいたように、AKB48に「秋元康」がいたように……ヒット作、ヒット商品には名プロデューサーがつきものだ。プロデュース起業法は、あなたがプロデューサーになって、「他人」「他人の知識」を売り出す、という方法なのだ。

「えっ、いきなりプロデューサーなんて、私にはそんな経験も実績もない」と思われた方も多いかもしれない。でも、これにも、ちゃんとした方法やノウハウがある。それをこの章では事例を交えて説明していきたい。

プロデュース起業法は、実は、やり方によっては、他のゼロ起業の起業法よりも、より

スピーディに、そしてより大きな収益をあげることも可能になってくる。

何度もいうが、ゼロ起業は「知識差ビジネス」だ。自分が持っている知識や経験、ノウハウを、それを持っていない、知識差がある人にコンサルティングやコーチング、セミナー、出版、会員制ビジネス等で提供していくというスタイルだ。このとき、「コンテンツホルダー（知識や経験、ノウハウを持っている人）」はあなた自身であり、また、「販売者」もあなた自身であることが基本だ。

だからこそ、ひとりで気軽にスタートでき、小回りもきき、経費もかけずにビジネスを立ち上げることができる。ただ、コンテンツをつくり上げ、それをコンサルティングやコーチング、セミナーといった形でクライアントに提供するのも、集客し、販売（営業やマーケティング活動）するのもすべてひとりで行うため、その点では作業量はどうしても多くなる（もちろん、世の中の個人事業主やスモールビジネスのオーナーは、皆この状態なのだが）。

だが、プロデュース起業法はこの点が異なる。「コンテンツホルダー」と「販売者」、すなわち、**「知識を持っている人」と「集客し、販売していく人（あなた）」との役割を分担していく、というスタイルの起業法**なのだ。

コンテンツの部分は「その道のプロフェッショナル」に用意してもらい、あなたはプロデュース（集客や販売）を担当するというやり方だ。**役割分担により、それぞれが得意な分野に集中することで、「1＋1＝2」を超えた相乗効果がある。**当然、起業のスピードも早くなり、売上げも大きくなる可能性を秘めている。

もちろん、あなたとコンテンツホルダーとの間で利益配分をするが、それ以上に**売上げを大きくすることが可能であり、最終的な利益も大きくなるビッグビジネスになるチャンス**を秘めているのがこのプロデュース起業法だ。実際に、この後、事例として紹介する株式会社キャリッジウェイ・コンサルティングの今井孝さんは、このプロデュース起業法でビジネスを軌道に乗せ、プロデュースの仕事だけで年間で5000万円以上の売上げをあげているのだ。

プロデューサーが果たす3つの役割

では、そもそもプロデュース起業法におけるプロデューサーの役割とはどのようなものなのだろうか。そして、プロデュース起業法はどのように進めていけばいいのだろうか。

役割① コンテンツホルダーの発掘

まず、行うべきは「コンテンツホルダー」の発掘だ。あなたがプロデュースする、〝その人〟を探すことからプロデュース起業法はスタートする。コンテンツホルダーの発掘は、**「コンテンツホルダーありき」と、「コンセプトありき」のふたつの方法がある。**

「コンテンツホルダーありき」の場合は、あなたの知人、人脈の中で「この人のノウハウ、知識は素晴らしい。必ずこのノウハウや知識を必要としている人がいるはずだ。私の手でもっともっと世の中に広めていきたい！　世に出したい！」と思う人を発掘するパターンだ。

「そんなすごいノウハウを持っている人なんて、私の周囲にはいませんよ」という方ももちろん多いと思う。ただ、プロデュース起業法は、ものすごいプロフェッショナルや超特殊な才能を持っている人だけに限られた話ではない。そんなスーパースターを見つける必要はないのだ。**知識差ビジネスの基本は、「少しの（半歩の）知識差で大丈夫」**ということだったはずだ。

たとえばこんな例がある。前述の「イカ釣りの必勝ノウハウ」で８００万円の売上げをあげたＹさん。実は、彼をプロデュースしたのは、Ｙさんの友人であるＵさんという方なのだ。

「Ｙさんという人がいる。イカ釣りの名人で、みんなに教えるのもうまい。彼のイカ釣りノウハウを知りたいと思う人が全国にいるのではないか？」と考えたＵさんが、Ｙさんを口説き落として、イカ釣りノウハウＤＶＤの販売にこぎ着けたのだ。Ｙさんはプロの釣り師でもなく、著名人でもない。だが、Ｕさんは、「知識差ビジネス」のセオリーから考えて、「Ｙさんよりも知識を持っていない初心者のイカ釣り愛好家が大勢いるはず」と予測し、Ｙさんをプロデュースしたのだ。

コンテンツホルダーを発掘するには、セミナーに参加するのもいい方法だ。セミナーを主宰している講師で、あなたが「このコンテンツは素晴らしい。世の中にもっと広めたい」と感じた人がいれば積極的にアプローチしてほしい。

急に声をかけても門前払いを食らうのでは、と不安に思う方も多いかもしれない。だが、心配は無用だ。セミナー講師の多くは、集客に悩んでいる。集客がうまくできている人も、もっと楽にたくさんの人を集客したいと思っている。そこであなたが、「ぜひ、あなたをプロデュースしたい、あなたの素晴らしいコンテンツをもっと世の中に広めたい」とアプローチすれば、興味を持ってくれる人も多いはず。少なくとも「一度、話を聞いてみようか」ということにはなるはずだ。

役割②　販売コンテンツを決める

コンテンツホルダーが発掘できれば、次は、「販売するコンテンツを決める」という段階になる。まずは「コンセプト」。**どんな人をターゲットに、どんな課題や悩みを解決する商品にするのか。どんな目標や夢を実現させる商品にするのか。そのコンテンツを購入（セミナーならセミナーに参加した）することで、どんな変化をもたらすのか。**

すでに、コンテンツホルダーがきちんとした商品を持っている場合はいいのだが、一度、このコンセプトづくりを共同でやっておくといいだろう。

また、どのような「形式」にするのかも決定していく必要がある。イカ釣りノウハウを売り出したＹさんのようにＤＶＤの教材形式もあるだろうし、セミナー講師であれば、セミナーや講演会、連続講座やワークショップ等もいいだろう。

役割③　販売する

そして、いよいよ世の中へあなたがプロデュースした「作品」を売り出すときだ。ただ、販売や集客方法については、プロデュース起業法だから特別に、というやり方はない。これまで紹介してきた起業法での集客法と基本的には同じだ。また、集客に関して説明した第9章も参照していただきたい。

経験してみるとわかるのだが、**プロデュース起業法は、他の起業法よりも、不思議と販売や集客に対してパワーが出る**ものなのだ。

「自分自身の商品はなかなか売り込みづらい」。ゼロ起業を志す人の中でも、そんな悩みを抱えている人は意外と多い。一方、他人の知識（コンテンツ）であれば、これが不思議と売り込みやすいのだ。自分自身が、そのコンテンツホルダーに惚れ込んでいるのならなおさらのこと。「本当に素晴らしいコンテンツなのでぜひ！」と説得力も増してくる。これは分業をとるプロデュース起業法ならではのメリットだろう。

「コンセプトありき」で始める作戦もある

ここまで述べたのは、優れたコンテンツホルダーとの出会いがあって始まるプロデュース起業の方法だが、「コンテンツホルダーありき」ではなく、「コンセプトありき」のプロデュース起業法もある。要するに、「これは売れる！　ヒットする！」というコンセプトが見つかった場合、そのコンセプトを実現するためのコンテンツやノウハウを持っている人を探し出し、その人をプロデュースするという方法だ。

これは私、北野の例なのだが、私の配信するメールマガジン（メルマガ）の読者の中には、セラピストや整体師、スポーツトレーナー、ダイエットコンサルタント、ヘルスコンサルタントといった、いわゆる「美容・健康系」のコンサルタント、セラピストも多い。その人たちにアンケートをとったり、話を聞いていると、「収入の柱を増やすために、サプリメントや化粧品を販売してみたい」との声が意外にも多かったのだ。

「これはニーズがあるのではないか」と考えた私は、サプリメントや化粧品のオリジナルブランドの立ち上げができるノウハウを持っている人はいないだろうかと、ネットワークや人脈をたどっていった。すると、ある化粧品メーカーの社長で、小ロットのオリジナルサプリや化粧品をつくるノウハウがあり、自身もサプリメントや化粧品ビジネスの立ち上げ支援のコンサルタントをやりたいという人物に出会うことができた。そして、私がプロデュースし、主に集客を担当し、彼が講師・コンサルタントになって、「サプリ＆コスメ起業法」というコンサルティングサービスを提供した。

これは、まさに「コンセプトありき」で、そのノウハウを持っているコンテンツホルダーを探すというパターンであった。

こうした人脈をたどるほかにもおすすめなのが、本の著者を当たる、というやり方だ。**書店はある意味、人脈の宝庫だ。**あなたが販売したいコンセプトを実現できるノウハウや経験を持っている人は世の中に必ずいる。本の著者はその可能性が高いし、見つけやすいこともメリットだ。

コンタクトをとることに敷居の高さを感じる人もいるだろうが、超有名ベストセラー作家は別として、ビジネス書の著者であれば、アポイントがとれる可能性はかなり高い。ビジネス書の著者であっても、やはり集客が課題という人は多い。集客がうまくいかないから、ブランディングのために出版をする、という人も最近は多いぐらいだ。多くの人が、「自分を売り出してもらいたい」と思っているものなのだ。

50％以上の取り分は確保すべし

ところで、**プロデュース起業法におけるコンテンツホルダーへの支払いはどのように考えればいいのだろうか。**

まずひとつは「講師料」「コンテンツ提供料」という形で一定の金額をお支払いする、という方法がある。セミナー講師や講演を行う人は講演料、講師料のメニュー表を持っているものなのでそれをベースにすればいいだろう。

もうひとつは、売上げや利益に応じて配分するという「成果連動型」の支払いだ。売上げから経費を引いて、それを利益配分というのが、私の周囲のプロデュース起業法では多いケースだ。利益配分の比率は、もちろんコンテンツホルダーとのパワーバランスや経験、それぞれが分担する仕事量に応じて変わってくるが、「利益を折半」というのがお互いがもっとも納得しやすい配分だと思う。

ただ、**ビジネスで一番大変な「集客」の部分をプロデューサーのあなたが請け負うことになるケースが多く、作業量もプロデュース側の負担が大きくなる場合が多い。**だから、利益配分を50％以下で受けるのはあまりおすすめできない。おそらく、あなたのストレスが大きくなるだろう。そうなると長続きはしないので、**50％以上をあなたの取り分にすることを私としてはおすすめしたい。**

有名講師の講座をプロデュース、社員ゼロで年商１億円

ここで、プロデュース起業法の成功事例をご紹介しよう。最初は、私と吉江さんの共通の友人である株式会社キャリッジウェイ・コンサルティングの今井孝さんの例だ。

今井さんは飄々とした、どちらかといえば草食系の物静かなタイプ。しかし、コンサルタントとして年商で1億円以上の売上げをあげている（そのうち５０００万円以上がプロ

デュースの仕事だ）。しかもスタッフはいなくて、奥さまが事務を行っているという状態。休みもしっかりととり、家族との時間も大切にしている。

今井さんは、大手ＩＴ企業からコンサルタントとして独立した。サラリーマン時代に大型の新規事業を立ち上げた実績があり、その経験をもとに経営コンサルタントとしての道を歩み始めた。とはいえ、最初の1年間はコンサルタント契約もとれなくて、なかなか売上げがあがらず、当時発行していたメルマガの広告収入や知人からの企業研修の仕事で何とか食いつなぐという状況であった。

そんな今井さんの大きな転機、そしてブレイクのきっかけとなったのが、このプロデュース起業法なのだ。独立したもののなかなか売上げが立たない、貯金がどんどん減っていく……そんなとき、今井さんはあるセミナーに参加した。今井さんが以前、大手ＩＴ企業時代に研修でお世話になった株式会社アントレプレナーセンターの福島正伸先生のセミナーだ。

何年ぶりかに受けた福島先生のセミナーは素晴らしく、今井さんは、そこで「福島先生の考え方、ノウハウを多くの人に伝えられたら」とぼんやりと思ったそうだ。そして、セミナー終了後の懇親会の席で、たまたま同じテーブルになった福島先生におそるおそる、

「先生、コンサルタント向けの講座はやらないのですか？」と聞いてみたのだ。そのときの今井さんは決して大きな実績があったわけではない。しかし、そのひと言で、今井さんの人生が変わった。

「私も実は、コンサルタントの養成講座をいつかやりたいと思っていたんです。今井さんがプロデュースしてくれるのであれば、ぜひ、一緒にやりましょう」と福島先生の快諾を得て、今井さんがプロデューサー、福島先生が講師という形で、「超人気コンサルタント養成講座」（1日のセミナー）、「究極のコンサルタント養成講座」（全6回の講座）がスタートしたのだ。

今井さんはこう語る。「自分自身のセミナーやコンサルティングを売り込むのはメンタルブロックや躊躇（ちゅうちょ）があって、なかなかうまくいかず、結果が出ませんでした。でも、福島先生のプロデュースをするようになって、『福島先生の素晴らしいノウハウをたくさんの人に伝えたい！』という使命感のようなものが湧き上がり、それまでの自分からは考えられないようなパワーが出てきて、とにかくいろいろな方に紹介をお願いし、積極的なＰＲ活動を行いました」

その結果、「究極のコンサルタント養成講座」は25万円（現在は30万円）の講座が40人すべて満席となり、参加費１万５０００円の「超人気コンサルタント養成講座」は３００人を集める人気セミナーになった。「究極のコンサルタント養成講座」は現在13期を数え、毎回満員御礼が続いている人気講座となっている。

ちなみに、今井さんの集客法は、講座参加者への手厚いフォローアップと口コミを主軸とした「紹介マーケティング」だ。今井さんは、「究極のコンサルタント養成講座」の参加者を、講座の終了後は「メンターズクラブ」という無料のコミュニティに招待して、アフターフォローや会員同士の交流会を主宰している。そのメンターズクラブのメンバーによる口コミや紹介によって、福島先生の講座はどんどん埋まっていく状態になっている。

これは、**プロデュース起業法ならではの好循環**といえるだろう。

プロデュース起業法は、コンテンツの提供は「講師」（コンテンツホルダー）が行う。その分、プロデュースする側に余裕ができ、集客やフォローアップに専念できる。それによってお客さまの満足度があがり、集客も楽になるというわけだ。今井さんはこのやり方で、コンサルタントとしての売上げを含めて社員ゼロで年商１億円を叩き出している。

知名度がなくても企画次第で集客可能

出版プロデューサーであり、起業家コンサルタントの白川たまさんの例も紹介しよう。

出版プロデューサーとは、本を出したい人にアプローチして、その人の持つコンセプトやテーマを出版社に売り込むことで出版を実現し、新しい著者を輩出することが主な仕事になる。白川さんは第4章で紹介した商業出版ノウハウを活用して、出版を希望する友人・知人の企画書をつくり出版社に送ったところ、すぐに数社からＯＫが出た。出版プロデュースの仕事を始めて1年半ほどですでに30人近くの著者をデビューさせているのだ。

兵庫県で接客コンサルティングを行う小早川護さんは、白川さんに出版企画書の作成を依頼し、見事『接客は利休に学べ』（ＷＡＶＥ出版）の出版にこぎ着けた。その他にも、経営コンサルタント、料理研究家、育児評論家など「出版はしたいが、自分のコンテンツをどう出版社、編集者にアピールすればいいかわからない」という個人起業家からの依頼を次々とこなし、なんと出版企画書の通過率は通算で90％以上を誇るという。

また、白川さんは出版だけでなく、個人起業家のプロデュースも行うようになった。大手研修会社から独立した研修講師のＮさんは、研修を行うのは得意だが、自分の研修を法人にセールスするのが苦手だった。そこで白川さんのプロデュースで大手企業向けにセミナーを行ったところ、見事３６０万円の研修を受注できたという。これも、セールスの苦手なＮさんに代わり、白川さんが「セミナー後の代理販売」を行った結果だとのこと。

白川さんも先述の今井さん同様、**人に貢献して、関わった相手に喜んでもらうことに幸せを感じるタイプで、これはプロデュース起業を成功させる上で欠かせない資質のひとつ**といえるだろう。

もうひとり、イメージコンサルタントの水野清子さんのプロデュース例も参考になるだろう。水野さんは自らの仕事に役立てようと和服（着物）の勉強を始めた。そこで知り合った講師のＭさんの着物に関する知識と情熱、そして人間性に大いに魅せられた。

もともとＭさんは業界では著名な人なのだが、着物業界の枠を超えて、活躍できる人材であると見込み（また活躍してもらいたいという強い願いもあり）、水野さんがプロデュース役を買って出る。

水野さんの場合、面白いのはプロデュースに選んだコンテンツだ。一般的なプロデュースの場合、セミナーや講演会、出版が普通なのだが、**彼女が仕掛けたのは「Mさんと行く伊勢神宮参拝ツアー」**。

Mさんが伊勢神宮をはじめとする日本文化に造詣が深いことと、折りからの式年遷宮も重なり、このツアーは業界を超えて111人の参加者を集める大ヒットとなった。ツアーの成功に気をよくしたMさんは継続的に水野さんにプロデュースを依頼。水野さんの本業のイメージコンサルタントの仕事もMさんのお客さんの中から多数入っているという。

このようにプロデュースを本業のコンサルタントやコーチ（他の起業も可）等と併用して行うと相互にシナジー効果が生まれるのでぜひ、検討してもらいたい。

第Ⅱ部
行動編

第8章
ブーム到来。知識＋技術で起業する!
サロン起業法

「サロン起業」のスタイルは多岐にわたる

「サロネーゼ」「サロン女子」という言葉をご存じだろうか。自宅の一室やワンルームマンション等を借りて、「サロン」にして、趣味の教室を主宰する人々のことである。

ゼロ起業の最後にご紹介する起業法は、サロネーゼに代表されるような「サロンビジネス」で起業する「サロン起業法」だ。サロン起業法では、自宅の一室、マンションの一室の他、セミナー会場や公共施設の利用、出張サービスも含めて考える。

これまでの起業法がストレートに知識を提供するスタイルなのに対して、サロン起業法は、施術といったサービスも含められる。さらに、いわゆる習い事的なサービスもサロン起業法に該当する。

具体的には、整体、マッサージ、パーソナルトレーナー、ヒーリング、ネイル、アロマセラピー、カラーセラピー、カラーコンサルティング等の分野で起業するという方法だ。占いもサロン起業法の範疇（はんちゅう）といえるし、昔ながらの生け花（今風にいうならフラワーアレンジメント）、料理、英会話、マナー、そして、パソコン教室、インテリア教室、ヨガ教室等もサロン起業法に含めていいだろう。

以下、私、北野が考えるカテゴリー別にサロン起業法の例を列挙しておく。

【健康系】ボディメイキング、ダイエット、ウォーキング、ストレッチ、整体、カイロプラクティック、ヨガ、ホットヨガ、ティラピス、リフレクソロジー、気功、太極拳、リンパマッサージ……

【ビューティー系】エステ、ネイル、メイク、ファッションコーディネイト、カラーコーディネイト、骨格診断、パーソナルスタイリスト……

【ライフ系・マナー系】テーブルコーディネイト、プロトコールマナー、テーブルマナー、インテリア、片付け・収納、ハウスキーピング、ラッピング、華道、フラワーアレンジメント、ガーデニング、アウトドア、プリザーブドフラワー、英会話をはじめとする語学、音楽関連（ピアノ、ギター、ドラム、作曲）……

【フード系】料理、紅茶、パンづくり、スイーツ、ワイン、利き酒……

【セラピー系】アロマセラピー、カラーセラピー、フラワーセラピー、メンタルセラピー、アートセラピー、森林セラピー、アニマルセラピー……
【スピリチュアル系】ヒーリング、レイキ、占い……
【ビジネス系】資格取得サポート、パソコン教室、話し方、ボイストレーニング、速読、速記、コピーライティング……
【マネー系】マネープラン、投資、FX、株……

サロン起業法は幅広い。そして、サロン起業法は、「技術」が必要になる場合も多く、技術習得のために、何らかの養成講座を受講したり、資格を取得して行うタイプのビジネスになってくる。そのための資金は多少必要になってくるが、それはあくまでも「自己投資」の範囲内だ。低資本・低リスクであるゼロ起業の条件は十分に満たしていると思う。

サロン起業法の場合、確かに資格が必要になってくるケースも多いのだが、誤解を恐れずにいうならば、**「資格の有無」はビジネスの正否にはさほど関係ない。**

世の中、士業も含めて、資格を持っているがビジネスがうまく回っていない人が本当に多いのだ。「資格があれば起業できる。ビジネスがうまくいく」という考えはまったくの幻想。資格取得が目的になり、そこで満足している人も世の中にはたくさんいる。

サロン起業法を実践するのなら、資格より何より、どうしても避けては通れないものがある。それは、ズバリ「集客」だ。

集客とリピート率をアップさせるテクニック

集客さえできればビジネスは何とか回るものだ。もちろん最低限の技術は必要だが、集客できなければ、せっかくの技術を試す機会も生まれず、スキルもあがっていかない。スキルアップと集客はサロン起業における両輪だと断言できる。

「集客」については、これまでの起業法、そして第９章を参照してほしいのだが、**サロン起業法では、リアルな集客法、リピート戦略がより重要**になる。金銭的に余裕がある方は、「ホットペッパー」等のクーポンマガジン、タウン情報誌やリビング新聞、「ぱど」をはじめとする地域密着型フリーペーパー等への広告掲載もぜひ試してほしい。

また、泥臭いやり方だが、チラシ等の販促物を作成して、サロンの周辺にポスティングしたり、お客さまになりそうな人が集まるお店や場所にチラシを置かせてもらうといった活動をしてみるのもいいだろう。

仮にあなたがネイルサロンでゼロ起業するのであれば、あなたのサロンの見込み客が集まりそうなお店……、そう「オシャレ」「キレイになる」という点で共通している美容院やエステサロンにチラシを置かせてもらうのが有効だ。そのチラシによって来店して自分のお客さまになったら、紹介料として美容院やエステサロンにキャッシュバックするといいだろう。そうすれば、より積極的に紹介が広がるはずだ。また、相手側のチラシも自分のサロンに置いてあげることによって、相互紹介を生み出すのもいいだろう。

これはマーケティングと集客の基本中の基本なのだが、「テスト」がとにかく大切となる。**複数のパターンで反応を見てみる、効果測定は必ず行う、反応がいいものを繰り返す**（広告する側は自分自身が飽きてしまって広告内容を変更しがちだが、反応がいいものは繰り返すこと！）がポイントだ。

また、チラシは、「顔出し」をすると反応がアップする。施術のメニューは箇条書きにしてしっかりと掲載しよう。逆に、**小スペースの広告は訴求ポイントをひとつに絞り込もう。**そして、意外と見落としがちだが、「問い合わせ先」や「地図」「ホームページやブログ、フェイスブックページのＵＲＬ」等もしっかりと入れ込むことだ。

ハンバーガーショップに学ぶ売上げ向上の公式

サロン起業法で特に重要になってくるのが、「リピート客の創出」だ。これはサロン起業法に限らずゼロ起業全般、というよりもあらゆるビジネスで重要なのだが、特にサロン起業においては、**サロン（そして、あなた）のファンになってくれるお客さまを何人つくり出すかが勝負になってくる。**

同時に、ひとりのお客さまにひとつのサービスだけでなく、複数のサービスを利用してもらう、いわゆる、「客単価」をあげる試みも必要だ。

「売上げアップのための重要公式」は次のようになる。

売上げ＝　顧客数　×　来店（購入）頻度　×　客単価

非常にシンプルだが、売上げをあげるには、「顧客数を増やす」「来店頻度や購入頻度を増やす」「客単価（1回当たりに購入する金額）を増やす」、この3つの選択肢しかない。

仮に、「売上げを2倍にしたい」と考えたとしよう。売上げを2倍にすると考えると、かなり難しいことに思えるだろう。しかしこの公式に当てはめるなら、「顧客数を1・27倍にし、来店頻度を1・27倍にし、客単価を1・27倍にする」ことによって売上げは2倍になることがわかる。

1・27×1・27×1・27≒2・04

顧客数を2倍にするのは骨が折れそうだが、それぞれを1・27倍にするのなら、何とかなりそうな気がしないだろうか。

実は、サロン起業で売上げをあげることを考えるとき、大半の人が「顧客数を増やす」ことに目がいきがちだ。もちろん**顧客数を増やすことは最重要課題であり、顧客がいないことにはビジネスは成り立たない。**だが、**来店頻度を増やしたり、客単価を増やすことでも売上げをアップすることができる。**わかりやすい例として、ハンバーガーショップを考えてみよう。

広告宣伝を使ったりすることでお客さまの数を増やすことが「顧客数を増やすこと」だ。そして、ハンバーガーを買いに来たお客さまに「ポテトはいかがですか？」とすすめるのが「客単価を増やすこと」。そして、購入した際に次回に使えるクーポン券を渡して、再度の来店を促すのが「来店（購入）頻度を増やすこと」になる。

この中でもっともパワー（時間、コスト、手間）がかかるのが、「顧客数を増やすこと」だ。顧客を増やすためには広告宣伝をしたり、さまざまな施策を打ったり、ライバルとの戦いを繰り広げるなど、とにかく手間もコストもかかる。また、新規の場合、顧客の側も初めてのお店という心理的抵抗もある。「この店、大丈夫なのかな？」という心理だ。

その一方で、客単価を増やすのは簡単だ。ハンバーガーショップの例でもあるように、**「ポテトはいかがですか？」と投げかけるだけでよい。**お客さまが欲しくなりそうなものを的確なタイミングで提案すれば購入してもらえる可能性は高くなる。ちなみにこれはマーケティング的には「アップセル・クロスセル」と呼ばれる手法だ。スーツを買ったお客さまに「ネクタイはどうですか？　シャツはどうですか？」とすすめるのもこの手法だ。

同様に、来店頻度を増やすことも、顧客数を増やすことと比べると簡単だ。まずは顧客が満足するサービスをしっかりと提供する。それができればあなたのサービスや商品を再度購入してもらったり、継続的に利用してもらうことが可能になる。そこにハンバーガーショップの例のように次回に使えるクーポン券を渡すなどすれば、さらに次回への来店意欲は高まる。

メンバーズカードやスタンプカードをつくっていろいろな割引や特典をつけているお店があるが、あれも来店頻度を増やすための施策だ。美容院等でよくある初来店時の「感謝のお手紙」や「お誕生日カード」も来店頻度をあげるための施策。**チケット制にして料金を前払いでもらうのもいい。**たとえば、1回1万円のサービスで、11回分のチケットで10万円にすると顧客にとっては1万円の割引になる。経営側からすれば、前払いで現金が入るということでキャッシュフロー的にも楽になる。

サプリや枕を売る整体院の儲けの仕組み

サロン起業の場合、友人や知人に声をかけるところからスタートし、先述したポスティングやチラシ配り、フリーペーパー、ネット集客を試みよう。そして、ある程度の顧客が獲得できれば、あとは客単価をあげること、来店頻度を増やすことに注力しよう。

そこであがった利益を広告等、顧客数を増やす活動に充てていく。この広告等への再投資がビジネスを拡大させていく上では非常に大切なカギとなる。**サロン起業のスタート当初は利益を残すことよりも、再投資に充てる。**これによってレバレッジ（てこの原理）がきき、ビジネスが大きく広がって、結果としてより多くの利益を生み出すことになる。

私もお世話になっているＫ整体院。当初は自宅の一室で、まさにサロン起業としてスタートしたが、今では、４店の実店舗を持つまでになっている。そんなＫ整体院では、まず、初来店をしたお客さまには、しっかりと状況・症状をヒアリングして、５〜６回先の施術のプランまで提案してくれる（それによって、お客としては「何回か通わねば」という気持ちになる。来店頻度をあげるために有効だ）。

また、何度か通っていると、「北野さん、通常の整体とは別メニューなのですが、顎の骨を微調整する施術があります。これがすごくよくて……（と効能を説明）」と、別な施術をすすめてくる。これで客単価があがるわけだ。

さらに、「整体だけでなく、やはり食事も健康には重要ですよね」と健康全般の話をして、サプリメントをすすめられ、私は購入することに……（K整体院ではいくつかの会社のサプリメントの取り扱いを行っている。客単価アップにつながるし、サプリがなくなれば、また整体院に買いに来るということで来店頻度のアップにもつながっている）。

K整体院では、オリジナルの枕やマットも販売しており、**「北野さん、せっかくここで施術を受けても、枕やベッドのマットがよくないと効果は半減ですよ」**といわれて、あっさりとこれも購入。私は、K整体院のかなりの上顧客になっている。K整体院が敷いたレールに気持ちよく乗せられて、自身が納得し、「これでさらに健康になれる」と感謝もしている。

おわかりだろうか。K整体院は、客単価や来店頻度をアップさせる工夫を随所に取り入れている。あなたがサロン起業をスタートさせる際もぜひこの「顧客獲得→客単価・来店頻度のアップ」を試みてほしい。

客単価・来店頻度のアップの方法だが、世の中には店舗の売上げアップのための書籍が相当数あるのでそれらを参考にしていただきたい。おすすめの書籍を紹介しておこう。

『「1回きりのお客さま」を「100回客」に育てなさい！』高田靖久（同文館出版）
『不変のマーケティング』神田昌典（フォレスト出版）

客単価や来店頻度のアップにもっとも必要な要素は、「お客さまの中」にある。お客さまが、あなたのサロンであなたのサービスを受けて満足したとしよう。しかし、人間には「もっとよくなりたい」という欲求が存在する。これは「新たな悩み」といってもいいかもしれない。この**「もっとよくなりたい」という「新たな悩み」を満たすことが客単価や来店頻度のアップにつながる**のだ。

先のK整体院の場合もそうだ。私がK整体院に通う目的は、整体を受けることとなのだが、もっと大きな目的は、身体の調子を整えること、さらに大きくいえば、「もっと健康になりたい」ということだ。さらによくなりたいという欲求のために、私は、他の施術を受けたり、サプリや枕やマットまで購入したのだ。

あなたがサロン起業を始めた場合は、ぜひ、お客さまとたくさん話をしてほしい。アンケートもとってほしい。そして、お客さまの「新たな悩み」を引き出すのだ。アンケートにはこんな質問が有効だ。「どんなサービス・メニューがあれば受けてみたいですか？」「今、抱えている一番の悩みは何ですか？」「もっと詳しく知りたいことは何ですか？」「他にどんなお店によく行きますか？」

アラフォー女性に絞った「ほっそり脚づくり専門トレーナー」で大成功

サロン起業法を実践して大きな成果をあげている方をご紹介していこう。

まずは、「ほっそり脚づくり専門トレーナー」の秋元恵久巳（めぐみ）さんだ。彼女はスポーツジムの専属トレーナーとして勤務していた。ただ、将来のことを考えると「起業をして、将来は自分のスタジオを持ち、スタッフも育成して、きちんとビジネスとして運営していきたい」と思い、サロン起業をスタートさせた。彼女の場合は、小規模セミナー会場や会議室を借りて、そこにお客さまに来てもらう半出張型のスタイルだ。

秋元さんは起業するにあたって、「単なるスポーツトレーナーでは、他のトレーナーと差別化できない。得意分野を絞り込んで、特徴を打ち出したい」と考えた。そこで秋元さんが絞り込んだのが、「アラフォー女性のための、ほっそり脚づくり専門トレーナー」。秋元さんのスポーツトレーナーの原点は、秋元さんの祖母が脚を悪くして、自分の力で立てなくなり、そこから精神的にも肉体的に落ち込んでしまったという実体験である。「〝脚〟

が健康の原点。生涯にわたって自分の脚でしっかり立ち、しっかり歩くことを伝えていきたい」と決意したのだ。

「脚やせ」という女性にニーズの高いジャンルで、「アラフォー世代」に絞り、単に脚やせするだけではなく、「健康的にやせる、10歳若く見られる体型づくり」をテーマに、全6回の「ほっそり脚づくりコース」を提供するようになった。「何でも得意なスポーツトレーナー」ではなく、「ほっそり脚づくり専門トレーナー」として専門性を打ち出したことで、逆に、スポーツジムにおいてもお客さまから指名されることが増え、ブログやホームページを通じて依頼が来るようにもなった。

秋元さんは、インターネットでは、特にＹｏｕＴｕｂｅを活用している。**実際の施術場面を見せたり、お客さまの体型の変化を動画で公開**しているのだ。そのＹｏｕＴｕｂｅを経由して、秋元さんのブログやホームページにたどり着き、そこから「ほっそり脚づくりコース」に申し込んでくる人も多いという。

さらに秋元さんは、**他のトレーナーや異分野の人とのジョイントもうまく活用している。**同業の「くびれづくり専門トレーナー」（くびれとほっそり脚の両方を手に入れる）、「メンタルトレーナー」（身体とメンタルの両面からキレイになる）、「コスメアドバイザー」

（共に〝美〟が共通テーマ）……こうした人たちとコラボセミナーを行ったり、共同で講習会を開催するなどして、上手に集客の輪を広げているのだ。

秋元さんはいう。「ほっそり脚づくり専門トレーナーとして**絞り込むことで、私の『選ばれる理由』が明確になりました。**ジョイントやいろいろなコラボレーションの話をいただくのも、やはり、〝ほっそり脚〟という専門性があるからだと思います」

今では、全国から講習会の依頼が来るようになり、クライアントも全国規模になってきた。今後は、自分と同じような施術ができる「ほっそり脚づくり専門トレーナー」を養成するための養成講座もスタートさせるという。

サロンとスクールの両輪でビジネスを拡大させる

続いて、アロマセラピスト（花や木といった植物に由来する芳香成分［精油］を用いて、心身の健康や美容を増進する技術を持った人。具体的には、アロマを使ったトリートメントやマッサージ、コンサルテーションを行う）としてサロン起業を果たした藤原綾子さんの例を紹介したい。

藤原さんは自他ともに認める仕事人間で、会社員時代は相当ハードに働いていた。その結果、体調を崩すことになる。メニエール症候群（めまいや難聴、耳鳴り等の症状が出る）と診断され、さまざまな治療を受けたが回復しなかった。そんなとき、アロマセラピーに出会う。病院でも回復しなかった症状がアロマセラピーによって回復したのだ。

そこから藤原さんはアロマセラピーに興味を持ち、アロマセラピストの養成講座に通い、**「自分と同じような症状の人、ストレスを抱えている人、癒しを求めている人の力になりたい」**との思いを抱くようになり、起業の決意を固める。

１年の準備期間を経て、彼女は副業ではなく、いきなりマンションの一室を借りてサロンをスタートさせる。藤原さんが集客のために最初にやったことは、友人や知人への開店のお知らせ。そんな人たちが、開店のご祝儀として訪れてくれた。同時にチラシをつくってマンションの近隣にポスティングをした。これも一定の集客には役立った。ただそこからは集客がなかなか伸びない。ちょうどその頃、父親が体調を崩し、その看病もあり、仕事に集中できず悶々とした、焦りを感じる日々を送ることになる。

開業から１年、貯金を切り崩す状態が続いていた藤原さんだったが、現状を変えるべく、

「もっと技術力を上げよう。同業者ともっと交流していこう」と思い、新たな講座に通い始め、生理学や運動機能といった専門知識も学ぶようになった。**その講座では技術もさることながら、同業の仲間ができたことが収穫**だった。講座の仲間同士で情報交換をしたり、お互いのブログを紹介し合ったりするなど、輪が広がり始めていったのだ。

ブログからの集客が増えていく中、その中で藤原さんのアロマセラピーをとても気に入ってくれたAさんという人が現れた。そのAさんが、どんどん藤原さんのサロンを人に紹介してくれたのだ（こうした紹介者・協力者を私は「エンジェル」と呼んでいる）。

それによって**サロン経営が軌道に乗り始め、新たにセラピスト養成のためのミニスクールもスタートさせた。**このスクール、当初はサロンのお客さまの要望で始まったのだが、同業のセラピストからも「藤原さんの技術や集客方法を教えてほしい」という声があがり、それに応えるためにコーチングとマーケティングを学び、本格的な「プロセラピスト養成スクール（本科・専科）」をスタートさせる。そして、セラピストの交流の場としての会員制コミュニティ「魔女ラボ」も立ち上げた。

藤原さんはサロンとスクールの両輪で着実にサロン起業を拡大させ、２０１４年４月には個人サロン形態から会社組織に変更。売上げもこの２年で５倍になったという。続けることの大切さ、積極的に同業者とつながりを持つことが好循環を生む好例だ。

続いての事例は、ワインライフプロデューサーのミホ　ヒラノさんだ。学生時代からワイン文化に興味を持ち、卒論も「ブランド化されるフランスワイン」というテーマだったという。巡り巡ってワイン商社で働く機会を得て、輸入と販売を担当する。「好きなワインをツールにして何か起業できれば」と漠然と考えたヒラノさんはある起業塾に参加。そして、自分自身の得意分野や情熱を考え合わせ、「ワインライフプロデューサー」という分野で起業することを決意する。

「ワインの蘊蓄（うんちく）はソムリエに任せて、私は、ワインを通して会話を楽しんだり、商談の場でのワインの使い方、ワインのある豊かな生活の提案ができればと思っています」

まずはできることから始めようということで、ヒラノさんはブログでワインライフに関する情報発信を始めた。同時に、毎月定例のワインセミナーを開催することに。これは都内のカフェやレストランを借りて、料理やワインを楽しむ、というもの。

巷でよくある単なるワイン会ではなく、そのワインの持つ背景を紹介したり、飲み比べの企画をしたり、**文化的・学術的要素も加えて、楽しみながらワインが学べる場づくりを**

どになった。**心がけた。**その内容が評判を呼び、口コミで参加者が増え、多いときには30人を超えるほどになった。

その中に、レストラン開業準備中の人がいて、**「レストランのワインの品揃えの相談に乗ってもらえないか」**といった仕事の依頼も舞い込むようになってきた。さらに、書き続けてきたブログやフェイスブックからも反応が出てくる。フェイスブックを見た編集者から記事の依頼が来たり、ネット新聞のワインコーナーのレギュラー枠をもらったりとこちらも仕事に少しずつつながり始めた。

「ワインライフプロデューサー」として起業を決意してから約2年。２０１４年4月にヒラノさんは会社を退職し、本格的な起業準備に入った。

「まだまだこれからという状態ですが、好きなことを仕事にするので本当に充実していま す。ワインセミナーの他にも、メニュー開発やワインを絡めた営業マン向けの企業研修、ビジネスワイン講座、レストランへのコンサルティングなど、やっていきたいことは山ほどあります。将来の夢は、大学でワイン文化論の講座を持つこと。ワイン文化論という学問を日本でつくって定着させたい、と思っています」

そう語るヒラノさんの瞳はまっすぐ前だけを見つめている。

第Ⅲ部
発展編

第9章
誰も知らない集客テクニック!

集客さえできればビジネスは１００％成功する

起業が失敗する理由の大半は「うまく集客できない」ことにある。あなたの商品やサービスを買ってくれる顧客がいるかどうか、それがすべてなのだ。

顧客さえいれば、ビジネスは回っていく。そして集客は永遠の課題でもある。現時点でどんなに集客がうまくいっている企業でも常に課題であり、不安材料なのだ。

だが、心配はいらない。「集客の基本」を押さえ、やるべきことをやっていけば確実に集客はできる。本章は、

①集客を成功させるための「2つの究極質問」
②「集客の４つの領域」
③私、北野が今、実践している「最新の集客手法」

の３つに分けて話をしていこう。③についてはやや上級者向けの内容になるが、最速かつ最大限の売上げを達成させたい方には興味深い内容になっているはずだ。

集客を成功させるための「２つの究極質問」

集客とは突き詰めていけば、「あなたのサービスを受けたいと思っているお客さま［見込み客］にいかに出会うか？」というシンプルな一文で表現できる。そこから導き出されたのが、次の究極質問だ。

①「自分のお客さまはどこにいるのか？」
②「自分のお客さまをすでに持っている人は誰か？」

それぞれ説明していこう。

①の質問に答える前に、まずは**「そもそも自分のお客さまは誰なのか？」**を明確にする

必要がある。集客がうまくいっていない人は、この答えが明確になっていないことが多い。なので、「どこに行けばそのお客さまに会うことができるのか?」「どんな人に依頼すればお客さまを紹介してもらえるのか?」「どんな場所に広告すればお客さまが反応するのか?」が考えられないのだ。

たとえば、「社長」をクライアントにしたい、と思ったとする。それは一部上場企業の社長なのか、中小企業の社長なのか、あるいはスタッフがひとりもいない個人事業主レベルの社長なのか。若手経営者なのか、ベテラン経営者なのか。業界は飲食業界か流通業界かメーカーかサービス業か。そこをまず明確にしていく必要がある。

「中小企業の若手経営者」が自分のお客さまであるのなら、「中小企業の若手経営者は、どんなセミナーや会合に参加するのだろうか?」「どんなスキルを身につけようとして、どんな講座に通っているのか?」「どんな趣味を持っていて、どんなサークルに参加しているのだろうか?」と考えていくことができる。

金融商品を取り扱う財産形成コンサルタントのSさんの顧客は中小企業の社長で、Sさんの趣味はトライアスロン。Sさんはトライアスロンのサークルに参加しており、大会にも頻繁に出ている。Sさん曰く、「トライアスロンが趣味という人の中には、経営者が意外にも多いんですよ。トライアスロンのサークルや大会で仲よくなって、私のクライアントになっていただいている方も多いんです」。趣味とはいえ、「自分のお客さまはどこにいるのか？」を考えるのはビジネスを展開する上で侮れないことなのだ。

「どこにいるのか？」がわかれば、そこに出向いていけばお客さま候補に出会える可能性はぐんと高まる。インターネット上であれば、どんなキーワードで検索して、どんなサイトを見て、どんなメールマガジン（メルマガ）やブログを読んで、どんな情報を得ようとしているのかも徹底的に考えていこう。どんなサイトを見ているかがわかれば、そこに広告を出すことができる。そのサイトの運営者にコンタクトをとってジョイントベンチャーを持ちかける、というアイデアも湧いてくる。

セミナーに参加してコンサル契約を３件受注

「スマートフォン集客コンサルタント」の田中祐一さんの例を紹介しよう。田中さんはもともとは会社勤めのＳＥだったのだが、私が主宰する「スマートフォンコンサルタント養成講座」に参加し、いきなり会社を辞めて、「スマートフォンコンサルタント」として活動を始めた。まだ27歳と若く、人脈もあまりない彼だったのだが、「自分のお客さまはどこにいるのか?」と自問してみた。

「自分のお客さまはどんな人だ?　集客に困っている人だ。では、集客に困っている人はどこにいるのか?　どこに行くのか?　そうだ、集客を学ぶためのセミナーに参加している!」

そう考えた田中さんは、ある集客セミナーに受講生として参加し、休憩時間に積極的に名刺交換を行った。「自分はスマートフォンの集客コンサルタントとして活動しています」としっかりとPRしつつ。当然、その集客セミナーに参加している人は集客に困っている層である。田中さんの話す「スマートフォンで集客」という話に多くの人が興味を示した。結果、どうなったか?

なんと、そのセミナーで知り合った3人が、田中さんのクライアントになったのだ。そこからスマートフォンサイトの制作を受注したり、継続的な顧問契約を獲得した。「自分のお客さまはどこにいるのか?」を考えて行動した成功例だ。

リストもコストもゼロでセミナーを毎回満席にする方法

次に②の質問「自分のお客さまをすでに持っている人は誰か?」を見てみよう。これがわかれば、その人とつながっていく方法を探っていけばいい。そして、その人からの紹介やコラボレーションをとりつけることができれば、一気に集客は楽になり、次のステージへ即座に昇れたりする。

ここで具体的な例をご紹介しよう。私が取締役を務める株式会社リアルネットという会社がある。リアルネットはスマートフォンマーケティングの会社として誕生し、現在は、スマートフォンを利用した集客方法のコンサルティングのほか、「一般社団法人日本スマートフォンマーケティング協会」を立ち上げ、「スマートフォンコンサルタントの養成・育成」「単品リピート通販塾」の運営を手がけている。

リアルネットが会社の設立時期に実践した集客方法がある。その方法が成功してリアルネットは一気に事業を軌道に乗せ、スマホ集客の第一人者的存在になったのだ。それは、

見込み客がまったくのゼロの状況でも驚くほど簡単に集客できる方法だ。

リアルネットは「飲食店向けのスマートフォン集客」という分野に絞り込んだ。モニターとしてまず、あるイタリアンレストランの集客を成功させた。その成功事例を使って他の飲食店のコンサルティング契約を獲得していこうとしたのだ。ただ、リアルネットは飲食店の見込み客リストはまったく保有していなかった。

もちろん、ＤＭ（ダイレクトメール）の会社やＦＡＸＤＭ会社から名簿を購入して集客をかける方法もある。飛び込み営業という手もあるだろう。だが、それにはコストも手間もかかる。リストを入手したからといって、必ずしもそれで集客できる保証はない。

そこでとった方法とは？　飲食店コンサルタントとのジョイントベンチャーの手法を採用したのだ。具体的には、ある飲食店コンサルタントとタイアップして共同でセミナーを開催した。**飲食店コンサルタントは、すでに飲食店オーナーの顧客や見込み客を持っている。その顧客や見込み客に対して「飲食店向けのスマートフォン集客セミナー」を案内してもらったのだ。**

セミナー自体はリアルネットが行い、セミナーの中で、スマートフォンサイトの制作や広告の運用代行、スマートフォンコンサルティングの契約を案内し、確実にクライアントを獲得していった。飲食店コンサルタントには「紹介報酬」ということで売上げの数十％をキャッシュバックして支払う。これは完全な成果報酬なので、リアルネットとしてもまったくリスクのない集客方法だった。しかも、ノーコストで、ほとんど手間をかけることなく、セミナーを毎回満席にしたのだ。飲食店コンサルタントの方も、自分の顧客や見込み客リストにセミナーの案内を流すだけで、売上げの数十％をバックしてもらえるのでかなりおいしい条件だったと思う。

しかも、彼の顧客や見込み客は「最新のスマートフォン集客」の手法で売上げをアップさせることができた。紹介者としての彼の立場や評価もアップした。まさに全員が得をするＷｉｎ－Ｗｉｎの結果だ。そして、これこそ、「自分のお客さまをすでに持っている人は誰か？」の答えを実践した結果なのだ。

この「２つの究極質問」は集客を考える上での〝原点〟ともいえる質問だ。あなたが今後「ゼロ起業」をスタートさせ、集客の壁にぶち当たったときは、ぜひ、ここに立ち返ってほしい。

「4つの領域」で考えて集客する

実は、世の中に存在する集客方法はほぼこれから紹介する「4つの領域」に分類することができる（次ページの図参照）。以下、ひとつずつ見ていこう。

集客の領域①
ネットで自分〜基本中の基本

第一領域の「ネットで自分」は、「インターネットを使って、自分自身で集客を行っていく」という集客法だ。ツール＆メディアとしては無料のSNSを使っていくのがおすすめだ。ブログ、ツイッター、フェイスブック、ＬｉｎｋｅｄＩｎ、ＹｏｕＴｕｂｅ等が代表的なものだ。さらにメルマガもぜひこれに加えてほしい。

「メルマガなんてもう古いんじゃないの」と思う方がいるかもしれないが、**実際の購買に**

集客の４つの領域

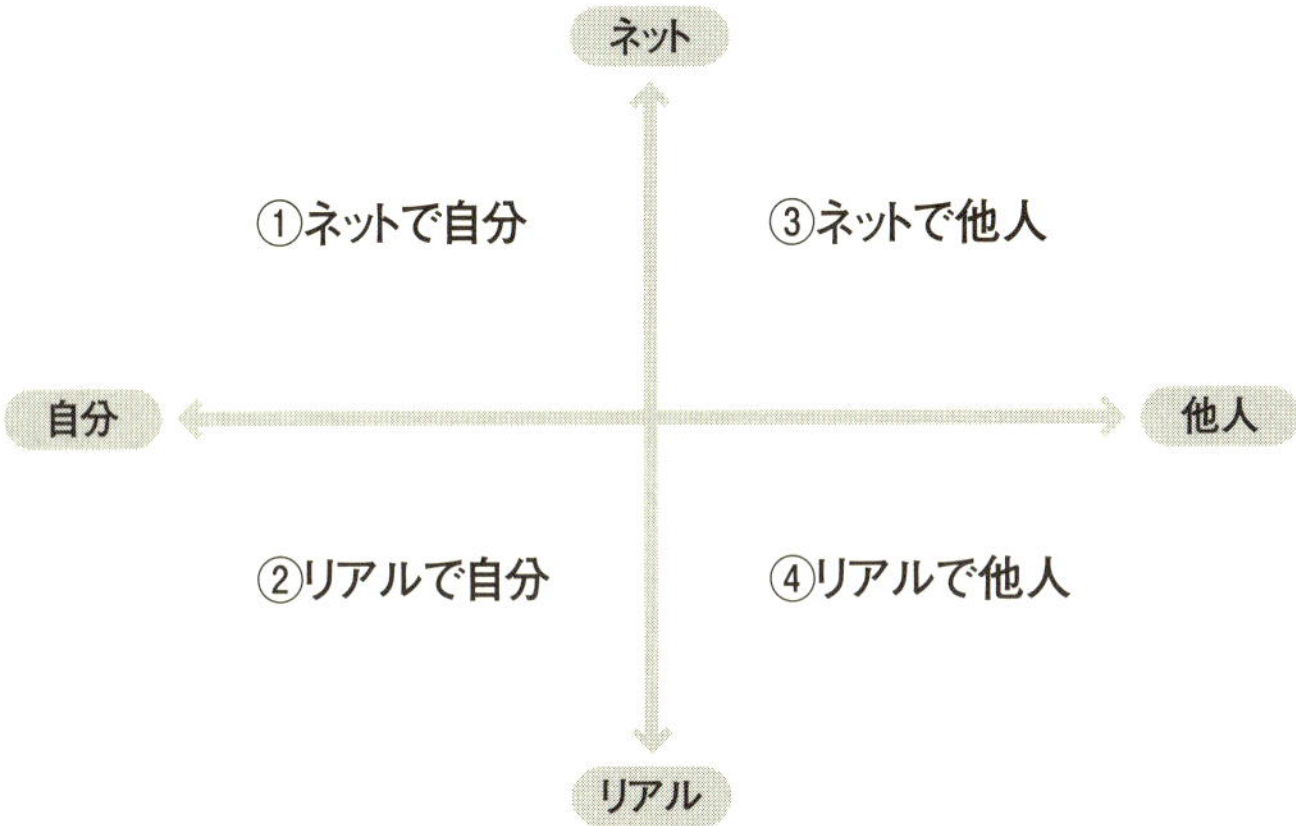

結びつくという点では、まだまだメルマガの優位性は変わらない。世界でもっとも影響力のあるテクノロジーメディアのひとつである「ＷＩＲＥＤ（ワイアード）」によると、インターネットで顧客の購買行動に結びつくのは第１位がオーガニック検索（検索エンジン経由）、第２位はＣＰＣ広告（ＰＰＣ広告と同義）、第３位がメルマガという結果になっている。フェイスブック等のＳＮＳを経由して購買に結びつく比率はまだまだ低いのだ。

　というわけで、「ゼロ起業」を目指す方は、ブログやフェイスブック、ツイッターの他に、ぜひメルマガを始めてほしい。メルマガについては第２章で詳しく説明しているので、詳細はそちらに譲るが、**「まぐまぐ」等**

の無料配信サービスではなく、できれば有料のサービスをおすすめしたい。私がおすすめするメルマガ配信サービスとしては、「ＪＣｉｔｙ（ジェイシティ）」「オートビズ」「エキスパートメール」「オレンジメール」といったものがある。機能や到達率の点で特におすすめなのは「ＪＣｉｔｙ」。また、電話サポートが充実して初心者におすすめなのは「オートビズ」だ。

「ネットで自分」の集客方法の基本は、メルマガやＳＮＳで価値ある情報を提供して信頼関係を築き、その後、自身のコーチングやコンサルティング、セミナー等を提案していく流れになる。「見込み客を集める↓情報提供をして信頼関係を築く↓自分のサービスや商品を提案＆セールスする」、この流れになる。最初の「見込み客を集める」という部分は、資金的に余裕のある方は、ぜひ「広告」にチャレンジしてほしい。

もちろん、地道に情報発信をしていく中で見込み客やあなたのファンは増えていくのだが、スピードを上げるにはやはり広告は有効な手段だ。**私も、最初は無料で地道に見込み客（具体的にはメルマガ読者）を増やしていったが、見込み客集めが加速したのはやはり広告を使ってからだ。**

代表的なネット広告でゼロ起業でおすすめなのは、「Ｇｏｏｇｌｅのアドワーズ広告」「Ｙａｈｏｏ!のリスティング広告」「フェイスブック広告」「人気メルマガへのメルマガ広告出稿」がある。とはいえ、最初から多額の広告をつぎ込む必要はない。月々3万〜5万円、いや、1万円からでも構わない。成果が出た上で徐々に広告費を増やしていくといいだろう。

集客の領域②
リアルで自分〜もっとも即効性あり

第二領域の「リアルで自分」。これがもっとも手っ取り早く結果が出る集客方法だろう。自分の友人・知人といった既存の人脈をあたる方法だ。私がコーチングを始めたときは、友人・知人をリストアップして、片っ端から連絡していった。その中から数名の方がコーチングのクライアントになってくれ、「ゼロ起業」がスタートした。

前述したが、最初のクライアントはエステサロンを経営する知人の女性オーナーだった。最初のセッションフィーは「1回2000円」。ゼロの状態から稼いだお金は本当にうれしいものだ。もちろん、断られることもあったが、そのときは、「では、誰かを紹介してもらえませんか」と紹介をお願いしていった。人間は、「一度拒否をすると二度続けて拒否することが心理的に難しくなる」という特性を持っている。要するにあなたの知人が、あなたのサービスを受けることを断った場合、続けて断ることは心理的な抵抗が生まれる。**「断られた後は紹介をとりつけやすい」というわけだ。**

この「リアルで自分」の集客を行う際には、簡単なものでいいので、あなたの商品やサービスを簡単にまとめたチラシやリーフレットのようなものをつくっておくといいだろう。チラシという「モノ」があれば、相手も捨てることができず、検討してみる機会も増える。

ちなみに第7章で紹介した株式会社キャリッジウェイ・コンサルティングの今井孝さんは、福島正伸先生の「超人気コンサルタント養成講座」のチラシを常に持ち歩いていて、機会があるごとに「ぜひ、来てください」「どなたかに紹介をお願いします」と配り歩いていた。その方法と紹介だけで、300人のセミナーを満席にしているのだ。

集客の領域③
ネットで他人～レバレッジがきく

第三領域の「ネットで他人」は、メルマガやブログの相互紹介をイメージしてほしい。自分と似たようなビジネスを行っていて、属性が似ている読者を持っている人同士で、お互いのメルマガやブログを紹介し合って見込み客を増やしていくというやり方だ。

このとき「直接競合」「間接競合」という視点を持っておくといい。「直接競合」というのは、文字通り、あなたの直接の競合となるような会社、個人を指す。たとえばあなたが、ダイエットトレーナーとしてゼロ起業をしようとする。そうすれば、同業のダイエットトレーナーが直接競合となる。

では「間接競合」とは？　ダイエットであれば、そのお客さまになるのは「やせたい」という願望を持つ人だ。その人は「美容」「キレイになる」「健康」「ファッション」「恋愛」等についても関心が高いかもしれない。これらの直接的には競合はしないが、間接的には競合し合ってくるものを間接競合という。こうした間接競合のメルマガやブログの発行者に紹介を依頼することで、紹介の枠が広がっていくのだ。

メルマガやブログであれば、同じくらいの読者数を持っている者同士で紹介し合うのが望ましい。ただ、読者数が少ない場合も、紹介頻度を増やしたり、フェイスブック等を総動員して相手のメルマガやブログを紹介していけば、それなりの紹介数を獲得できる。

そして、**「ネットで他人」でぜひチャレンジしてほしいのが「アフィリエイト」だ。**アフィリエイトは、あなたのメルマガやブログ、フェイスブック、ホームページで、他の人のサービスや商品を紹介し、それが成約になった際に、紹介報酬（アフィリエイト報酬）がもらえるという、ネット上のいわば簡単な代理店システムだ。

これを逆の立場で行う。あなたの商品やサービスをネット上でさまざまな人たちに紹介してもらい（アフィリエイトしてもらう）、成約されれば紹介報酬を支払うという方法だ。この集客方法が確立されれば集客が本当に楽になる。言い換えれば、アフィリエイトとは、**ネット上で行う「成果報酬型の紹介マーケティング」**といっていいだろう。

自分の力だけで集客するのは限界がある。だが、**「紹介」が機能すれば、一気にビジネスを拡大することができる。**私は、ネット上で億単位の売上げを一気にあげる「プロダクトローンチ」と呼ばれるプロモーション手法を得意としているのだが、それもすべて、この「アフィリエイト＝紹介マーケティング」による集客方法がベースになっている。

なお、アフィリエイトを行うには、「誰があなたの商品やサービスを紹介してくれ、どれぐらいの成約があったか」をカウントする必要があり、それを行うためにはアフィリエイトサービスを備えた通販サイト等を利用する必要がある。ゼロ起業のような、「知識差ビジネス」におすすめなサービスとしては、「インフォトップ」がある。また、アフィリエイトシステムを自社で構築されたい方は、私が運営している「コンサルタントラボラトリー」を利用されるのもいいかと思う（１２１ページ参照）。

アフィリエイトを行うのは、確かに難易度は高く注意点も多い（65ページ参照）が、仕組みができてしまえば、実にパワフルな集客手法なので、意欲のある方はぜひ試していただきたい。

集客の領域④
リアルで他人〜ビジネスがもっとも大きくなる

最後の領域が「リアルで他人」という集客方法だ。この「リアルで他人」の重要な考え方は、「営業やマーケティング、集客の部分をアウトソーシングしてしまう」ことだ。そもそも苦手な部分を克服するよりも本来は長所や強みを伸ばし、そこで勝負したほうが結果は早く出るし、ビジネスも大きくなる。

「苦手な部分は人に任せてしまえ」という発想ができる人は、最終的にはもっともビジネスを大きくできる。ゼロ起業の場合、スタート当初は経費を抑えるために、営業活動もサービスも事務もすべて自分でやることが多いのだが、ビジネスの規模が大きくなってくれば、徐々に人に任せていくことが必要だ。また、オーナー的資質がある人は最初から苦手な部分をどんどん人に任せていくものだ。そのほうが売上げも早くあがる。経費分を差し引いても、売上げがあがる速度が速いから結果として早く成功するのだ。

具体的な事例で説明しよう。スマートフォンコンサルタントで独立した林九太さんの場合だ。彼はタウン情報誌の営業マンとして会社勤めをしながらスマホコンサルタントの活動を始めたのだが、本業の業務が忙しく、なかなか顧客を開拓する時間がとれなかった。そこで彼がとった手段は、営業の代行を知人の営業マンに依頼するということだ。

自分の代わりに営業活動を行ってもらい、そこで受注がとれたら、キャッシュバックで売上の何％かを支払うというスタイルを採用したのだ。それによって林さんは、**半年間で**

５００万円以上の受注をあげ、結果として、独立を果たすことができた。この林さんのように営業代行を行ってもらう、というやり方がある。知人の営業マンに依頼するのもいいし、成果報酬型の営業代行会社を使うというのもひとつの集客手法となる。

また、ジョイントベンチャーという手法もある。これは、先に説明した「２つの究極質問」の実践でもある。私の起業塾の生徒さんの中でも、「カラダ系・施術系」という分野の人たちがいる。整体師やスポーツトレーナー、セラピスト等の方々だが、共同開催の講習会を開き、お互いのお客さまを共有したり、紹介し合ったり、自分ではできないサービスを紹介することで顧客満足度をあげたりということを行っている。

中級者・上級者向けの最新ネット集客手法！

では、ここから中級者・上級者向けになるが、私が行っている最新のネット集客手法をお伝えしよう。これからゼロ起業をスタートする起業初級者の方には少し難易度が高いかもしれないが、成功すれば大きな成果が得られるので、あなたのゼロ起業がある程度、軌道に乗ってきたらぜひチャレンジしてほしい。

初級者の方でも、外部のビジネスパートナーと提携できれば、すぐに取り組むことが可能になる。ちなみに、私のクライアントで、ほとんど実績がないにも関わらず、外部パートナーのサポートのもと、この手法を実行して、１カ月半で４０００万円の売上げをあげた人がいる。それぐらいパワフルな手法なのだ。

まずは、これからのネット集客の主流になる「動画マーケティング」から説明しよう。

ＹｏｕＴｕｂｅを使った動画マーケティングの成功術

今、ネットマーケティングは「動画」が主流になりつつある。ＹｏｕＴｕｂｅやＵｓｔｒｅａｍ（ネット上で生放送ができるサービス）の普及で、動画マーケティングは非常に身近なものになった。動画は、あなたのパーソナリティが伝わりやすい。あなたのファンになってもらえる可能性が高いのだ。

ゼロ起業は、知識差を売るビジネスであるが、同時にあなたのパーソナリティを売るビ

ジネスでもある。その点で、**ゼロ起業と動画マーケティングは非常に相性がいい。**

動画は何も特別に凝ったものを作成する必要はない。家庭用のビデオカメラやパソコンに接続できるｗｅｂカメラ、あなたがＭａｃをお持ちであるなら内蔵のカメラで十分だ。編集も同様。私は、まったくのノー編集で3～5分ぐらいの動画を日々ＹｏｕＴｕｂｅにアップしている。質よりも量。編集にはＭａｃに標準装備されている「ｉＭｏｖｉｅ」というソフトを使っている。初心者でも簡単に見栄えのよい動画編集が可能で、ＹｏｕＴｕｂｅへのアップまで行える優れものソフトだ。

ちなみに、ＹｏｕＴｕｂｅだけでも簡単な編集ができるので、極端な話、ｗｅｂカメラとインターネットにつながる環境さえあれば、すぐに動画マーケティングをスタートすることができる。ちなみに、**ＹｏｕＴｕｂｅの動画は、Ｇｏｏｇｌｅで検索されたとき、上位表示される可能性が非常に高いという特性がある。**

たとえば、あなたが、得意な企画書作成の分野で「プレゼンテーション・コンサルタント」としてゼロ起業をスタートさせたとしよう。ＹｏｕＴｕｂｅを使えば、「プレゼンやり方」「プレゼン 成功 方法」「プレゼン コンサルタント」といった検索キーワードであなたの動画を上位表示させることが可能になる。**重要なのは「動画のタイトル」だ。**動画のタイトルの中に検索で上位表示させたいキーワードを盛り込むのがコツ。たとえば、こんなタイトルだ。「パワーポイントを使って受注がとれるプレゼンを成功させる方法」「プレゼンを成功に導くコンサルタントとは？」……。

私は２０１０年１月１日から「これからは動画マーケティングでいくぞ！」と宣言して、日々３～５分ぐらいの簡単な動画をＹｏｕＴｕｂｅにあげ続けてきた。アップした動画の本数は４７０本を超え（２０１４年５月現在）、再生回数は80万回を超えている。そして、動画を見た人がメルマガに登録してくれたり、セミナーに参加してくれたりということが現実に起こっている。続けていけば、あなたも動画マーケティングのパワフルな効果を実感できるはずだ。

１回のプロモーションで億単位を売り上げる「プロダクトローンチ」

今、ゼロ起業のようなコンサルタントやコーチング、サロンビジネス等でもっとも最速で大きな売上げをあげるネットプロモーション手法といえば、「プロダクトローンチ」だ。

私自身もこの方法で「マーケティングコーチ養成講座」「スマートフォンコンサルタント養成講座」「単品リピート通販塾」といった億単位の申し込みが入る養成講座やビジネス塾を手がけてきた。先に述べた、１カ月半で４０００万円の売上げをあげた人もこの手法を使って成功したのだ。

プロダクトローンチは、ネットマーケティングの先進国・アメリカで誕生した手法だが、今現在もコンサル型ビジネスにおいては**「プロダクトローンチを超える集客手法は登場していない」**といわれている。その流れは以下のようなものになる。

プロダクトローンチの流れ

①魅力ある無料オファー（主流なのは動画コンテンツ）を提供することで、紹介やジョイントベンチャーによってオンライン上で大量の見込み客に登録してもらう

↓

②集まった見込み客に対して価値ある情報（主流なのは動画コンテンツ）を一定期間（２週間から１カ月間）提供し、信頼関係を構築していく

↓

③信頼関係が高まり、さらにより詳しい上級コンテンツへのニーズが高まってきた段階で、本講座やセミナーの案内を行い、セールスを行う（セールスは、ウェブサイトや動画、リアルでの説明会への誘導といった方法がある）

これだけではイメージしづらいと思うので、私が株式会社リッツコンサルティングの井口晃さんと行っている「マーケティングコーチ養成講座」を例に説明しよう。マーケティングコーチ養成講座は、私が代表理事を、井口さんが理事を務める「一般社団法人日本マーケティングコーチ協会」が主宰する養成講座だ。その講座への集客は「プロダクトローンチ」手法を使っている。

まず、ビジネスパートナーやアフィリエイターへ紹介を依頼し、無料コンテンツである「マーケティングコーチ養成プログラム」（完全無料・全7回）を紹介してもらう（この段階で約1万人を集めることを目標にしている。**経験上、1万人が登録すれば本講座で1億円近くの申し込みが入る**と予想している）。

「マーケティングコーチ養成プログラム」は無料ではあるが、非常にクオリティの高いコンテンツで、私と井口さんとの対談やコーチングの具体的なスキル、さらに顧客獲得法も無料で提供している。「無料でここまでの情報をいただいていいんですか」「これは有料レベルの内容ですね。10万円以上の価値があります」といったコメントが次々と寄せられるほどの充実した内容だ。こうした無料コンテンツを約1カ月間にわたって提供していく。あるときは質問にも答え、参加者の要望も取り入れながら、場合によっては当初予定のなかったコンテンツも提供したりする。

そうすると「さらに上のレベルの内容が知りたい」「マーケティングコーチを仕事にして活躍したい」という人が一定の割合で現れてくる。また、私や井口さんのファンになってくださる方も増えてくる。その段階になって初めて本講座である「マーケティングコーチ養成講座」を案内するのだ。

そして、全国で説明会なども開催し、ネット上だけでなく、リアルな場所でも主宰者である私や井口さんに会える機会をつくっている。こうした流れで進めることで、「マーケティングコーチ養成講座」は**数十万円という高額の参加費にも関わらず、毎回１５０人を超える方にご参加いただいている。**

個人レベルで行うなら「ウェビナー」がおすすめ

「プロダクトローンチ」は確かに成功すれば大きな売上げをあげることができる。ただ、それだけマンパワーも必要になってくる。見込み客も大量に集める必要があり、提供する無料コンテンツもそれなりのボリュームとクオリティが必要だ。個人レベルで行うには正直いって、かなりハードルが高い。私も「プロダクトローンチ」を行う際はチームをつくり、外部パートナーの協力を仰いで実行する。

そこで、私が、今、自分のクライアントにすすめているのが、「プロダクトローンチ」の簡易版といえる**「ウェビナー（無料ウェブセミナー）」**と呼ばれる集客手法だ。これは、無料コンテンツを提供する代わりに**Ｕｓｔｒｅａｍを使った生放送のオンライン（ｗｅｂ）セミナーを開催する、**というものだ。

「ｗｅｂ（ウェブ）＋ｓｅｍｉｎａｒ（セミナー）」でｗｅｂｉｎａｒ（ウェビナー）、というわけだ。ウェビナーであれば、複数の大量なコンテンツを提供する必要はなく、１回の生放送のセミナーでＯＫだ。最初に集める見込み客も１０００〜２０００人程度でも十分に成り立たせることができる。では、ウェビナーの流れを説明しよう。

ウェビナーの流れ

①ウェビナー（無料ウェブセミナー）を紹介やジョイントベンチャーによってオンライン上で大量の見込み客に登録してもらう（この段階はプロダクトローンチと同じ。ただし１０００〜２０００人程度でもＯＫ）

↓

②登録受付から１週間〜10日後にウェビナーを開催。ウェビナーは約３時間。前半の90分は有益なコンテンツを提供。後半の90分で自分の有料サービスを案内していく。途中では生放送の強みを活かし、質疑応答の時間も設ける（Ｕｓｔｒｅａｍを使えば、チャットのようにリアルタイムでコメントを受け付けることができる）

プロダクトローンチのように時間をかけてコンテンツを提供し、信頼関係を築いていく手法ではないので、高額のサービスはセールスしづらいという弱点はあるが、数万〜10万円ぐらいまでのサービスであれば、かなりの高確率での成約が期待できる。私はウェビナーでは、3万9700円のオンライン教材や年会費14万7000円の会員制サービスを販売し、いずれも1000万〜3000万円ほどの売上げをあげることができた。

プロダクトローンチのように1カ月もの時間はかけない。**長くて2週間程度なので、効率もいい。**これからさまざまな業界で、集客においてこのウェビナーが取り入れられることになるのではと予想している。

プロモーションを成功させる最重要なマインドセット

プロダクトローンチやウェビナーを成功させるために必要なマインドセットを最後に紹介しておこう。それは何か？　徹底した「GIVE（与える）」の精神だ。**GIVE、GIVE、GIVE、GIVE、GIVE……徹底してGIVEしてほしい。**

プロモーションを成功させるにはもちろんさまざまな要素が絡み合ってくるのだが、一番の肝は、最初に提供する無料コンテンツのクオリティの高さに尽きる（ウェビナーの場合であれば、ウェビナーそのもののコンテンツになる）。

提供するコンテンツは無料だが、そこは出し惜しみをせずに、「これって、無料で提供していいのか」というレベルのものを、さらにいえば、**「とっておきの、一番出したくない情報を無料で出す」というぐらいのマインドセットが必要**なのだ。「とりあえず無料で出しておいて、肝心な部分は本講座で」的な狙いが見えた途端に、見込み客との信頼関係はいとも簡単に崩れていく。

「本講座は申し込まなくていい。この無料コンテンツだけで、本当に成果を出してほしい！」そのぐらいの思いでコンテンツを提供していけば、それが見ている側に伝わる。**あなたの本気度が伝わるのだ。**私ももちろん葛藤はある。「ここまで無料で提供していいのか？これだと無料段階で満足してしまって、本講座は申し込んでくれないのではないか？」と思うときもある。しかし、それを乗り越えて、ＧＩＶＥの精神がマックスまで来たときに奇跡が起きるのだ。億を超えるプロモーションはそんな風にして生まれる。

「どこまで腹をくくって、ＧＩＶＥの精神で無料コンテンツを提供できるか？」

実は、そんなマインドセットが大型プロモーションの成功を裏で支えているのだ。

「たったひとりの顧客」からすべてが始まる

「ゼロ起業」のスタートにあたって一番の不安は、集客できるのか、お客さまが自分についてくれるのかという点だろう。だが、どんな大きなビジネスでも、最初は「たったひとりの顧客」からスタートする。「ゼロ起業」では何百人、何千人ものお客さまを獲得する必要はない。ほんの数名〜十数名で成り立つビジネスなのだ。

まずは、最初の「たったひとりの顧客」に巡り会おう。あとはその繰り返しを積み重ねていけばいいだけなのだから。

おわりに

私が何かをするときに一番大切にしていること。それは儲かる儲からないではなく、見てくれがいい悪いでもなく、それがすごいすごくないでもない。

そのことをやってワクワクできるかできないか、自分の息吹が正しいと感じられて、情熱的になれるかなれないか、という点にもっとも重きを置いている。

人の一生というのは、決して永遠ではない。

意に介さないことに関わっている時間があったら、自分が本当にやりたかったことをやらなければ、死ぬ間際に取り返しのつかないほど後悔すると思うからだ。

現在のあなたはどうだろう。今、本当に自分が好きでやりたいこと、ワクワクできることをやっているだろうか。

私も北野さんもサラリーマン時代は自分の人生をコントロールできていなかった。早朝から通勤電車にもまれて、イヤな上司にガミガミ怒られ、顧客には人間性まで否定された。

何より一番辛かったのは、自分の仕事に情熱を持てなかったこと。給料というわずかばかりの安定と引き換えに、好きでもない仕事に忙殺される日々だった。

そんな私たちの人生が180度変わったのが、「起業」という選択だった。

自分が心から好きで情熱の湧く仕事を、志や価値観の合う仲間とともに納得いくまでやり抜くことで、サラリーマン時代には想像もつかなかった報酬と感謝、喜びや共感の声をもらえるようになった。

自分の人生を自分の手で完全にコントロールできる幸せは、何物にも代えられない。充実と自尊心の高まり、そして、「自分の生き方は、これでいいんだ。間違いない」という心からの確信と平穏をもたらせてくれる。

以前の私たちのように、我慢と不満を強いられ、焦りや後悔や不安を感じている人たちに、自分の可能性はこんなものじゃない、今の日常以上に幸福な選択があるということをどうしても知ってほしい。そして、できる限り多くの人に毎日、ワクワク楽しく誇り溢れる人生を生きてもらいたい。そんな思いを込めて、私たちはこの本を執筆した。

もちろん、あなたの中では、まだ完全に自分（あるいは私たち）を信じられない側面もあるかもしれない。特に起業となると、これから起こるすべてのことがあなたにとって未知の体験であるのだから、不安に陥ることは、ある意味当たり前のことだと思う。こんなとき、従来までの起業に必要なお金や人脈や資格や実績や競合相手の動向まで悶々と考えていたら、成功などはるか彼方の別世界のことのように思えるだろう。

だからこそ、あなたには「ゼロ起業」を目指してほしい。

ゼロ起業ならば、コストも人脈も資格も実績も必要なく、その上、競合もいないあなた独自のフィールドで、人よりもわずかばかりの経験さえあれば立ち上げることができる。「自分の未来は限りなく明るい」「私の起業は必ず成功する」と潜在意識に刻み込むことができれば（あたかもそのようにイメージして、振る舞うことができれば、後から現実がついてくる）、失敗の確率も限りなくゼロに近づくはずだ。

想像してみてほしい。あなたが一国一城の主になり、心の底から自分の好きで情熱の湧く仕事を思う存分やっている姿を。毎日が活き活きと充実し、高く清らかなエネルギーに包まれて、自分の好きなクライアントやビジネスパートナーに囲まれながら、サラリーマン時代とは比べ物にならないほどの報酬とやりがいを手に入れることのできる喜びを。

自信を持って大丈夫だ。私たちでもできたのだから、あなたにできないはずがない。自分の価値は無限大である事実に気づいて、唯一無二の人生を思う存分輝かせるのだ。

最後に御礼を。本書を書くきっかけになった「7つの起業・副業法」と「メンバーシップビジネスフォーラム」に参加してくれた皆さん、私の「スーパービジネスマン養成講座」や北野さんの「コンサルタントラボラトリー」をはじめとする各会員の皆さん、事例掲載を快諾してくれてどうもありがとう。

この本は私たちを支えてくれている皆さんとの共同執筆だと思っている。

そして、この本を最後まで読んでくれた読者であるあなたに最大級の御礼を申し上げる。宜しければあなたの率直な感想を聞かせてほしい。感想や質問に関しては、できる限りご返信をお約束する。

感想の宛て先：kansou@zerokigyo.com　件名：ゼロ起業感想

あなたが起業に成功して、ワクワクする情熱的な毎日を手に入れてくれることを心よりお祈りしています。

吉江勝

【著者略歴】

吉江　勝（よしえ　まさる）

経営コンサルタント。流通会社、不動産会社、自動車会社、人材派遣会社顧問
東証一部上場企業から中小零細企業まで全国650社以上の企業コンサルティング、さらにアメリカや韓国企業のコンサルティングも手がける。経営者やビジネスマンを中心に潜在意識の活性化でマインドを開放して、最新のセールス&マーケティングメソッドを用いる集客面でのコンサルティングを得意とする。「スーパービジネスマン養成講座」（SBM)、「パーソナルパーフェクトコンサルティング」（PPC)、「メンバーシップビジネスフォーラム」（MBF)、「自由で豊かなフリーランス養成講座」（FRF）等を主宰し（一部共同開催)、1300人以上の有料会員を集客する会員制ビジネスのエキスパートでもある。著書に『どんな人にも１つや2つ儲けのネタはある！』（青春出版社)、『人生を好転させるたった２つのこと』（角川学芸出版)、『出版で夢をつかむ方法』（中経出版)、『あたりまえだけどなかなかできない課長のルール』（明日香出版社)、『サラリーマン長者　会社を辞めずに幸せと年収を10倍にする方法』（講談社）等多数。
HP：http://www.eigyou.jp
メールマガジン：「超一流の年収を稼ぐスーパービジネスマンになる方法」
http://jump.cx/OTdhe

北野哲正（きたの　てつまさ）

株式会社コンサルタントラボラトリー代表取締役
慶應義塾大学経済学部卒業。（株）ワコール、（株）リクルートを経て、コピーライターとして独立。その後、コーチ、コンサルタント、セラピスト、セミナー講師、カウンセラー、士業、整体師などの“コンサルタント型ビジネス”での独立・起業・集客支援に特化した活動に主軸を移し、「コンサルタントを創り出すコンサルタント」として活躍する。コーチ、コンサルタントのための会員制コミュニティ「コンサルタントラボラトリー」は現在500名を超える会員数を誇る。また、「７つの起業・副業法」「一般社団法人日本マーケティングコーチ協会　マーケティングコーチ養成講座」「一般社団法人日本スマートフォンマーケティング協会　スマホコンサルタント養成講座」「村岡式単品リピート通販塾」などの起業塾、コンサル・コーチ養成講座を主宰。いずれの講座も、一度の募集で億単位（1億～2億3000万円）の申し込みがある超人気講座になっている。香川県出身。
公式サイト：http://con-labo.jp/
メールマガジン：「コンサル型ビジネスでゼロから起業する実践的12ステップ」
http://parade-mc.jp/12step03/